Anonymous

Der Militarismus im heutigen deutschen Reich

eine Anklageschrift

Anonymous

Der Militarismus im heutigen deutschen Reich
eine Anklageschrift

ISBN/EAN: 9783743413863

Hergestellt in Europa, USA, Kanada, Australien, Japan

Cover: Foto ©ninafisch / pixelio.de

Manufactured and distributed by brebook publishing software (www.brebook.com)

Anonymous

Der Militarismus im heutigen deutschen Reich

Der Militarismus

im heutigen

deutschen Reich.

Eine Anklageschrift.

Von

einem deutschen Historiker.

Stuttgart.
Verlag von Robert Lutz.
1893.

Man darf in dieser Schrift, obgleich sich ihr Verfasser als Historiker bezeichnet, keine historische Würdigung des Militarismus erwarten, vielmehr ist sie ein Versuch, gegenwärtige Zustände zu schildern, nicht um sie aus der Vergangenheit zu erklären, sondern um auf ihre Bedeutung für die Zukunft, d. h. für die weitere Entwicklung unseres Volkes hinzuweisen.

Wohl weiß ich, daß auch die bloße Schilderung des gegenwärtigen Militarismus sehr unvollständig ist; denn wichtige Lebensgebiete sind nur flüchtig, andere, z. B. Literatur und Kunst gar nicht berührt und überall würden sich die Einzelheiten sorgfältiger gestalten, besonders auch wirksam erläuternde Beispiele heranziehen lassen. Aber die bedeutsamsten Erscheinungsformen werden doch beachtet sein, und da es mir nicht auf eine akademische Betrachtung, sondern auf praktische Wirksamkeit ankam, so durfte die Erkenntnis der Unvollständigkeit mich nicht zurückhalten.

Als eine **Anklageschrift** habe ich meine Erörterungen bezeichnet und damit schon angedeutet, daß die gegenwärtigen Erscheinungen nicht ganz mit der beschaulichen Ruhe betrachtet sind, die dem Historiker seinem Stoffe gegenüber ziemen würde. Zwar habe ich mich bemüht, kein Wort zu sagen, das ich nicht auch als Historiker verantworten könnte, aber meine Aufmerksamkeit war allerdings nicht darauf gerichtet, ein liebevoll ausgeführtes Gemälde des Militarismus

1*

mit sorgsamer Verteilung von Licht und Schatten zu entwerfen, sondern die verderblichen Grundzüge seines Charakters, so wie ich sie erkannt zu haben glaube, kräftig an's Licht zu stellen.

Wenn ich mich trotzdem auf dem Titel der Schrift als Historiker einführe, so geschieht das, weil ich als ein Vertreter derjenigen Kreise betrachtet werden möchte, denen die Pflege der Bildungsinteressen besonders nahe liegt und die vor allem auch von diesem Standpunkt aus sich gegen den Militarismus verteidigen müssen.

Freilich werden die meisten auch in diesen Kreisen gegen den einen oder gegen den andern Punkt erhebliche Einwendungen zu machen haben oder auch die Farben im ganzen zu stark aufgetragen finden; aber dessen glaube ich trotzdem sicher zu sein, daß ich, alles in allem genommen, einer großen Zahl von ihnen aus der Seele schreibe und daß sie ihre stille Freude daran haben werden, hier vieles gesagt zu finden — vielleicht ungeschickt und für ihren Geschmack zu scharf oder auch zu einseitig — was uns fast alle längst bewegt; denn darüber möge man sich nicht täuschen: die Empfindung der Gegnerschaft gegen den Militarismus ist gerade unter den berufsmäßigen Vertretern der höheren Bildung viel, viel weiter verbreitet, als eine offen hervortretende politische Opposition diese Richtung erkennen läßt.

In der vorliegenden Schrift fehlt es freilich auch nicht an einer politischen Opposition, mit der ich n i c h t behaupten darf ebenfalls annähernd die Gesinnung vieler Bildungs- und Berufsgenossen zu vertreten. Es wird von mir der Militarismus nicht nur vom Standpunkt der Bildungsinteressen aus bekämpft, sondern es geschieht das gelegentlich auch unter der Fahne der Demokratie, eine Auffassungsweise, die unter den deutschen Historikern heute nicht sehr verbreitet ist, die aber für die Behandlung der Hauptfrage auch nur in einzelnen Punkten ins Gewicht fällt.

Was die Form meiner Bemerkungen anlangt, so sind es zum Teil (das will ich nicht leugnen), so sehr ich mich auch bemüht habe, den Ausdruck abzuschwächen, noch immer leidenschaftlich bewegte Worte, mit denen ich meine Sache führe; aber ich hoffe, es wird gleichwohl nicht von ihnen gelten, daß sie "unter gebildeten Männern ungern gehört werden"; denn sie entspringen einer uns gemeinsamen heiligen Empfindung für große Kulturideale und vertreten gerade die Sache der Bildung gegen ihren zur Zeit gefährlichsten Gegner.

In der Pfingstwoche 1893.

Inhalt.

	Seite
Vorwort	3
Einleitung	9
I. Der Militarismus in der Armee	11
II. Der Militarismus in seiner Einwirkung auf die bürgerliche Gesellschaft und den Volksgeist	27
III. Der Militarismus im Staate, in der Regierung, Verwaltung und Gesetzgebung	38
IV. Der Militarismus im Kampfe um die Militärvorlage	56

In den letzten Reichstagsdebatten hat der Reichskanzler Graf v. Caprivi den Militarismus für ein Schlagwort erklärt, dem nach seiner Meinung keine Wirklichkeit entspricht; er hat über den alten lahmen Gaul gespottet, der wieder aus dem Stall hervorgeholt und neu aufgezäumt werde, und sich darüber gewundert, daß man diesen Militarismus, bei dem er sich nichts denken und den er nirgends finden kann, gar für kulturfeindlich erkläre.

Schon ein Vorgang, der unmittelbar auf die Auflösung des Reichstages folgte, hat ihm zeigen können, wie sehr dieser für ihn unauffindbare Militarismus unser öffentliches Leben beherrscht. Von höchster Stelle ist eine Kritik an dem Beschlusse des Reichstages geübt worden, und diese Kritik hat sich an einen Kreis von Generalen und Offizieren gewandt, als ob diese das geeignetste Publikum für solche Mitteilungen über die Haltung des deutschen Reichstages wären. Nun sind aber gerade die Angehörigen des aktiven Heeres von der Beteiligung am politischen Leben und von der Wahl zu unseren Volksvertretungen gesetzlich ausgeschlossen. Bei ihnen allein von allen Reichsangehörigen ruht das aktive Wahlrecht. Es gibt also eigentlich kein Publikum, das weniger berufen wäre, an den Beschlüssen des Reichstages Kritik zu üben und weniger berufen, als Resonanzboden einer solchen Kritik zu dienen.

Wenn sich trotzdem der Kaiser mit der ersten öffentlichen Äußerung seiner Ansichten über die Haltung des Reichstages nicht an die Nation, nicht an die Spitzen der Beamten, wie etwa den Reichskanzler, nicht an Vertreter der verbündeten Regierungen oder auch, bei zufällig sich bietender Gelegenheit, an einen Kreis von Privatpersonen, sondern an seine Offiziere wendet, ist das nicht ein Zeichen des bei uns herrschenden Militarismus?

Das Charakteristische ist, daß augenscheinlich diese Form der Äußerung als etwas ganz Natürliches betrachtet wird, während sie unter Verhältnissen, die nicht so sehr vom Geiste des Militarismus erfüllt wären, nur als eine bewußte scharfe Herausforderung der Volksvertretung und des Geistes unserer Gesetzgebung aufgefaßt werden könnte. Wie der Kaiser gewiß an eine solche Herausforderung nicht im mindesten gedacht hat, wie es ihm nach seiner Gewöhnung an militärische Anschauungen ganz natürlich erscheint, sich mit seiner Kritik der Volksvertretung an die militärischen Kreise zu wenden, die nach den Bestimmungen der Gesetze auf die Wahlen zu dieser Volksvertretung gar nicht einzuwirken haben, so nimmt man offenbar auch in weiten Kreisen des Publikums diese Dinge wie etwas in unserem nun einmal durch und durch militärischen Staatswesen Selbstverständliches hin!

Um dem Reichskanzler zu zeigen, wie der militärische Geist sich in unserem öffentlichen Leben geltend macht, hätte es freilich dieses Epiloges zur Reichstagsauflösung nicht bedurft.

Er brauchte sich eigentlich nur auf sich selbst zu besinnen und daran zu denken, daß er, ein General, der sich niemals vorher mit den Aufgaben der Civilverwaltung beschäftigt hat, der auch eingestandenermaßen, obschon er einmal Marineminister war, sich dem politischen Leben möglichst fern gehalten hat, zur Leitung unserer gesamten inneren und auswärtigen Politik berufen worden ist.

Er brauchte auch nur der feierlichen Ereignisse aus der Geschichte eben des Reichstages, zu dem er sprach, zu gedenken: etwa der Grundsteinlegung des neuen Gebäudes vor dem Brandenburger Thor, bei der der Präsident des Reichstages, Herr von Levetzow, in der Uniform eines Landwehrmajors fungieren mußte. In dieser kleinen Aeußerlichkeit triumphierte damals der Militarismus, der unsere Regierungskreise beherrscht, aber in weiten Schichten des Volkes bis zu den „gutgesinnten" Kreisen hin ist der Vorgang als eine Herabsetzung des Reichstages und als eine beleidigende Herausforderung des ganzen Bürgertums empfunden worden.

Es sind dies nur zwei Symptome dafür, wie die militärische Auffassung in Verhältnisse des öffentlichen Lebens eindringt, die ihr entrückt sein sollten: Aeußerlichkeiten, wenn man will, die aber eine beredte Sprache führen. Wir sehen in ihnen Zeugnisse für die Macht des Militarismus, aber freilich ist damit noch nichts über seinen Inhalt ausgesagt.

Um den Geist des Militarismus kennen zu lernen, wenden wir uns zunächst seiner Bethätigung im Heere selbst zu. Nachher werden wir zu der Frage zurückkehren, in welcher Weise und in welcher Ausdehnung er das bürgerliche Leben außerhalb des Heeres beeinflußt und wie er auf das öffentliche Leben im Staate einwirkt.

I. Der Militarismus in der Armee.

Für den Geist des Militarismus in der Armee sind zwei Züge charakteristisch, 1) die unbedingte blinde Unterwerfung jedes Einzelnen unter den Willen des Vorgesetzten, auf Kosten alles dessen, was sonst für menschliche Entwicklung Wert besitzt und 2) eine sich auf dieser Grundlage entwickelnde Mißachtung humanen Empfindens, die sich unter Umständen ungestraft bis zu Brutalitäten steigern darf.

Mit allen Empfindungen nicht nur von Menschlichkeit, sondern auch von Recht und Gerechtigkeit kommt die militärische Auffassung in Konflikt, wenn sie ihre Anschauungen von „Disziplin" bethätigt.

Man erinnert sich wohl noch des Vorfalles, der vor einigen Jahren soviel Aufsehen erregte: Einige Landwehrmänner hatten sich geweigert, einen Viehwagen zu besteigen, und zwar, wenn ich nicht irre, als sie aus der Übung in die Heimat zurückbefördert werden sollten, sie hatten auch Kameraden zum Widerstande gegen diese Behandlung aufzureizen gesucht und hatten sich deshalb beschwerdeführend telegraphisch direkt an den Kaiser gewendet.

Nach bürgerlicher Auffassung würde man die Landwehrleute, deren naive Gutgläubigkeit ja durch das Telegramm an den Kaiser so drastisch bewiesen war, gefragt haben, ob sie nicht recht bei Sinnen gewesen seien und würde sie dann mit einem scharfen Verweis haben laufen lassen. Sollte aber schon eine Bestrafung stattfinden, so würde ein Civilist das Maß der verwirkten Buße auf vielleicht 8 oder 14 Tage Arrest schätzen.

So die bürgerliche Auffassung, die Auffassung jedes Menschen, der menschliche Dinge mit menschlichen Augen ansieht.

Anders die militärische Anschauung. — Zu 7 Jahren Zuchthaus hat man diese unbesonnenen Landwehrleute verurteilt und dieses Urteil auf 7 Jahre Zuchthaus ist nicht etwa kassiert worden, man hat nicht etwa, was doch das mindeste gewesen wäre, die Leute nach einigen Wochen begnadigt, sondern man hat sie jahrelang ihre Strafe absitzen lassen, bis endlich der Rest erlassen wurde.

Man bedenke: Zuchthaus, die entehrende Strafe für schwere Verbrecher, verhängt wegen eines Vergehens, das ja freilich die militärische Disziplin verletzt, das im übrigen aber niemand diesen Landwehrleuten zur Unehre anrechnen wird, wegen eines Vergehens, das vielmehr, so unsinnig es auch ist, doch bis zu einem gewissen Grade die Sympathie aller derjenigen erwecken wird, die sich an Selbständigkeit und an natürlichen Regungen erfreuen. Lange Jahre entzieht man diese Leute ihren Familien und steckt sie ins Zuchthaus unter gemeine Verbrecher!

Als unbegreifliche Ungerechtigkeit und Grausamkeit wird das jedem erscheinen, der nicht unter dem Bann des Militarismus steht, auch wenn er Strenge und Disziplin vollauf zu schätzen weiß und wenn er persönlich nicht im mindesten weichherzig gesinnt ist, sondern nur soweit menschlich empfindet, wie es auch, wie wir gern glauben wollen, die militärischen Richter thaten. Das aber eben ist der Fluch einer solchen auf unbedingte Unterordnung angelegten Institution, daß sie den natürlichen besseren Instinkten jedes Einzelnen keinen Raum mehr gestattet.

Und nachdem ihm ähnliche Dinge erst kürzlich vorgeführt waren, hat der General-Reichskanzler die Unbefangenheit, die Existenz des Militarismus zu leugnen und darüber verwundert zu sein, daß man denselben als den Feind unseres Kulturlebens betrachtet!

Es ist dies nicht etwa ein vereinzelter, sondern nur ein besonders bezeichnender Fall, und leicht wären die Beispiele für solche Beurteilung von Vergehen gegen die Disziplin zu vermehren.

Aber es bedarf gar nicht einzelner Beispiele aus der Praxis; dieselben sind zwar weit eindrucksvoller als die Theorie der Gesetzesparagraphen, schließlich aber doch nur Illustrationen dazu, von denen man glauben könnte, sie seien zu sensationell ausgewählt. Das Militärstrafgesetzbuch bringt schon für sich allein den Geist des Militarismus deutlich genug zum Ausdruck.

Der sechste Abschnitt, der die „strafbaren Handlungen gegen die Pflichten der militärischen Unterordnung" behandelt, beginnt mit einem § 89, der uns so recht in den Geist des Systems versetzt: Wer im Dienst die dem Vorgesetzten schuldige Achtung verletzt, insbesondere laut Beschwerde oder gegen einen Verweis Widerrede führt, wird mit Arrest bestraft. Wird die Achtungsverletzung unter dem

Gewehr oder vor versammelter Mannschaft begangen, so ist auf strengen Arrest nicht unter 14 Tagen oder auf Gefängnis oder Festungshaft bis zu 3 Jahren zu erkennen.

Dem harmlosen Laien kann die Bedeutung dieser Bestimmungen nicht ohne weiteres klar sein, da er trotz des klaren Sinnes der Worte gar nicht darauf kommen wird, daß bloße Widerrede etwas ist, was man mit schweren Strafen belegt und da er außerdem nicht ahnen wird, was strenger Arrest bedeutet.

Versuchen wir den Paragraphen in lebendige Vorstellung umzusetzen. Wird ein Soldat in Reih und Glied vom Unteroffizier angefahren, weil er seine Knöpfe nicht ordentlich geputzt hat, und nimmt er das nicht ruhig hin, sondern versucht geltend zu machen, daß er daran aus irgend einem Grunde unschuldig sei, so riskiert er, falls Meldung erfolgt (was allerdings, wie anzuerkennen, meist nicht geschieht), auf mindestens 14 Tage in Arrest gesteckt zu werden, und zwar in eine **dunkle Zelle**, in der er auf **harter Lagerstätte** bei Wasser und Brot drei Tage auszuharren hat, dann erblickt er auf 24 Stunden das Tageslicht wieder und erhält warme Nahrung, um dann aufs neue 72 Stunden lebendig begraben zu sein, wieder 1 Tag ans Licht zu kommen und weiterhin je 2 Tage, unterbrochen durch einen dritten Tag gelinden Arrestes, in seiner Dunkelhaft zuzubringen.

Damit bedroht man bloße Widerrede gegen einen Verweis vor versammelter Mannschaft, für eine Handlung, die an sich nicht nur kein Vergehen, sondern sehr oft die selbstverständliche und unter Umständen für den gerechten Vorgesetzten doch nur erwünschte Verteidigung gegen eine ungerechtfertigte Beschuldigung ist, die als solche also überhaupt straflos bleiben müßte!

Und nun die Strafe!! Was sie bedeutet, können wir, da wir sie nicht durchgemacht haben, uns gewiß auch noch nicht entfernt ausmalen, aber eine Ahnung davon wenigstens vermag uns zu kommen. Man verwende nur einige ruhige Minuten, um seine Phantasie damit zu beschäftigen, man versuche sich recht anschaulich zu machen, was es heißt, 24 Stunden eingekerkert in absoluter Dunkelheit auf hartem Lager bei Wasser und Brot zubringen, und man stelle sich dann vor: 10 Tage so verbracht, unterbrochen durch drei leichtere Arresttage am 4., 8., 11. Tag, denen zum Schluß noch ein solcher Erholungstag folgt, sind die **Mindeststrafe** für Widerrede gegen einen Verweis „unter'm Gewehr".

Nach dem übereinstimmenden Zeugnis aller, die mir aus eigener Anschauung berichtet haben, macht ein Soldat, der längeren schweren Arrest durchgemacht hat, den Eindruck eines an Körper und Geist gebrochenen Menschen.

Unterdrückt wird beim Militär jede Äußerung individueller Freiheit. Wer nicht entweder in angeborenem zufriedenen Stumpfsinn oder in einer gewissen moralischen Überlegenheit jede Unbilligkeit geduldig hinnimmt, und wer, auch durch den Dienst und drohende Strafe nicht mürbe gemacht, noch „Widerrede" wagt, den bricht man durch derartige Behandlung im Namen und Rahmen des Gesetzes!

Man faßt nicht, wie es möglich gewesen ist, daß der deutsche Reichstag im Jahre 1872 dieses Gesetz angenommen hat, und wie diese 20 Jahre hindurch eine solche Barbarei hat aufrecht erhalten bleiben können. Man faßt es nicht, so lange man nicht die Macht des Militarismus in unserem Staatswesen vollkommen erkannt hat.

Darauf nun werden wir später zu sprechen kommen. Hier handelt es sich einstweilen darum, daß sich der Militarismus innerhalb des Heeres selbst durch sein barbarisches Strafrecht als eine durch und durch kulturfeindliche Institution erweist.

Es ist recht nützlich, sich einmal darüber klar zu werden, auf welcher Stufe von Güte und Milde, Eigenschaften, die wir in seltsamer Verblendung „Menschlichkeit" nennen, die Menschheit heute noch steht, 19 Jahrhunderte nachdem man den Prediger der Güte an's Kreuz geschlagen. Und zugleich wagt man auch noch in unbewußter oder bewußter Blasphemie diesen Apostel der Humanität zu verehren. Der Soldat pflegt auch dabei ja mit dem Priester Hand in Hand zu gehen.

Nicht nur in seiner unerhörten Grausamkeit zeigt sich die Eigenart des militärischen Strafrechts. Daneben tritt noch ein zweiter für den Militarismus sehr charakteristischer Zug hervor: die Unterscheidung der Strafen nach der militärischen Rangordnung.

In unserm ganzen sonstigen Strafrecht gilt der Grundsatz, daß die Strafe nur nach dem Vergehen, nicht nach der Person des Thäters bemessen wird; nur in der Art der Beschäftigung wird Rücksicht auf den Beruf des Gefangenen genommen. Das Militärstrafgesetzbuch steht auch hier im Widerspruch zur übrigen Gesetzgebung.

Ich bin nun geneigt, von vorn herein ein sehr wenig demo=

kratisch klingendes Zugeständnis zu machen: dieselbe Strafe ist für Personen verschiedener Lebensstellung und verschiedener Lebensgewöhnung **nicht** dieselbe, sondern um sie mit **gleichem Maß** zu treffen, muß man die Strafen in gewissen Dingen **verschieden** gestalten. Die formale Gleichheit kann zur großen Ungleichheit und Ungerechtigkeit werden.

Betrachten wir aber nach diesem prinzipiellen Zugeständnis das militärische Strafgesetzbuch. Der **strenge Arrest**, den wir kennen gelernt haben, ist nur für Gemeine zulässig, der **mittlere Arrest** (in heller Zelle, aber mit hartem Lager und Wasser und Brot, unterbrochen durch leichteren Arrest am 4., 8., 12. und weiter jedem dritten Tage) nur für Gemeine und Unteroffiziere ohne Portepee, der **gelinde Arrest** für Unteroffiziere und Gemeine; die Offiziere endlich erhalten in ihrer Wohnung **Stubenarrest**, der eventuell durch Richterspruch geschärft werden kann zur Vollstreckung in einem besonderen Offizierarrestzimmer.

Wo bleibt die Gleichheit vor dem Gesetz, die doch längst Grundsatz der preußischen Verfassung war, als diese Abmessung der Strafen zwischen Offizier und Gemeinem im neuen deutschen Reich genehmigt wurde? Für dasselbe Vergehen wird dem Offizier verboten, seine Wohnung zu verlassen und Besuche zu empfangen, dem „Gemeinen" auf Tage das Sonnenlicht, weiches Lager und wärmende Speise entzogen! Das ist keine Abstufung, sondern ein empörender Gegensatz!

Die Unterscheidung erfolgt auch nicht nach der **Lebensstellung** des Bestraften, — den verwöhnten Sohn eines reichen Hauses trifft das hier so demokratische Gesetz (ob auch in der Praxis?) mit der gleichen grausamen Härte, wie den Proletarier, der an hartes Lager, Wasser und Brot und schreckliche Spelunken — dem Himmel sei es geklagt — gewöhnt ist; man unterscheidet nur nach den militärischen **Chargen**, die Unteroffizierscharge befreit vom strengen, das Portepee vom mittleren Arrest!

Man kann wirklich das Wesen des Militarismus, seine Härte und Grausamkeit und die ihm eigentümliche mechanische Auffassung von Unterordnung und Disziplin nicht feiner charakterisieren, als es der Gesetzgeber in diesen Strafrechtsparagraphen gethan hat, und man brauchte sie nur jedem deutschen Reichsbürger so recht zum Bewußtsein zu bringen, so würde hoffentlich der Militarismus mit allem was daran hängt — und das ist sehr viel in unserm so von ihm beherrschten Staatswesen — bald die längste Zeit existiert haben.

Zu den barbarischen Strafen, mit denen man den Bruch der Disziplin verfolgt, steht die Lässigkeit, mit der man vielfach gegen die Mißhandlungen Untergebener vorgeht, in einem schneidenden Kontrast.

In Bayern, wo diese Fälle dank der Öffentlichkeit des Gerichtsverfahrens mehr bekannt werden, hat sich die sonderbare Erscheinung wiederholt, daß bei Beurteilung empörender Mißhandlungen das militärische Gericht die „Absicht, Schmerz zu erregen" verneinte und daraufhin leichte Strafen verhängt wurden.

Einige Wochen oder auch Monate Festung für „Soldatenschinder", 7 Jahre Zuchthaus für die Landwehrleute, die nicht in den Viehwagen wollen und die Frechheit haben, an den Kaiser zu telegraphieren. Das ist die auf militärischer Disziplin beruhende Auffassung von Gerechtigkeit.

Fanatische Gegner des Militarismus würden vielleicht mit den militärischen Richtern und mit denen, die diese Art Rechtsprechung etwa zu vertreten wagen, ähnlich verfahren wollen, wie jene mit den unglücklichen Landwehrleuten. Aber man muß sich klar machen, daß die Schuld nicht an den einzelnen Menschen liegt, sondern daß der Charakter der Institution sich in ihren Handlungen geltend macht und geltend machen muß.

Aus Norddeutschland, wo die Militärgerichte geheim verhandeln, erfährt man wenig Zuverlässiges über das Kapitel der Soldatenmißhandlungen. Aber in aller Erinnerung ist der Erlaß des Prinzen Georg von Sachsen, der ein so entsetzliches und für viele Kreise überraschendes Licht auf diese Zustände warf.

Der Erlaß vom 8. Juni 1891 führt aus, daß durch eine lange Reihe gerichtlicher Untersuchungen Zustände zu Tage gefördert sind, die in hohem Grade bedenklich erscheinen müssen, zumal da die vorgekommenen Gewaltthätigkeiten und körperlichen Mißhandlungen nicht etwa blos die Folge augenblicklicher Erregung gewesen sind. „Ein großer Teil der zahlreichen körperlichen Mißhandlungen hat sich als etwas weit Schlimmeres qualifiziert: als raffinierte Quälerei, als Ausfluß einer Rohheit und Verwilderung, die man bei dem Material, aus dem unser Unteroffizier- und Instruktionspersonal sich ergänzt, kaum für möglich, und bei der Aufsicht und Kontrolle, die in unsern Dienstverhältnissen ausgeübt werden soll, kaum für ausführbar halten sollte." Der Erlaß hebt hervor, daß eine „so unwürdige, ebenso jedem Gesetz und jeder Vorschrift wie jeder Menschlichkeit hohnsprechende Behandlungsweise", und ein „derartiger die Uniform und das Standesbewußtsein beschimpfender Terrorismus" unmöglich gute Früchte zeitigen könne, und schließt daran die besondere Nutzanwendung: „Anstatt, daß das Heer den zersetzenden Lehren der Sozialdemokratie entgegenarbeitet, wird ihr durch solche Behandlungsweise Vorschub geleistet." Der Prinz macht schließlich noch die charakteristische Bemerkung: „Es will zuweilen scheinen, als ob seitens der Vorgesetzten von Haus aus für den Angeklagten und gegen den, welcher mißhandelt worden zu sein angiebt, Partei genommen werde".

Der Eindruck, den das Bekanntwerden dieses Erlasses machte, ist wesentlich daraus zu erklären, daß man hier einmal ein klassisches Zeugnis für die Zustände erhielt, deren Schilderung von anderer Seite man immer zurückgewiesen hatte, da sie übertrieben oder unkontrollierbar aus Wahrem und Falschem gemischt sei. Darin, daß dieses Zeugnis von hoher militärischer Seite inhaltlich so unanfechtbar war, beruhte sein besonderer Wert. Daß es im übrigen demjenigen, der sich um diese Dinge überhaupt kümmerte, nichts neues bot, daß es vielmehr hinter den Thatsachen noch zurückblieb, konnte man oft genug hören. Es wird natürlich in einzelnen Truppenverbänden sehr viel besser stehen als in denen, die durch des Prinzen Erlaß besonders kompromittiert wurden, im allgemeinen aber stimmen alle privaten Mitteilungen darin überein, daß die Scheußlichkeiten, welche der Prinz in seinem Erlaß zusammenstellte, sich fast überall in der deutschen Armee wiederholen.

Es ist ja nun nicht zu bezweifeln, daß ebenso wie Prinz Georg auch sehr viele andere hohe militärische Stellen solche Brutalitäten aufs schärfste mißbilligen und bestrebt sind, ihnen zu steuern. Aber alle diese Bestrebungen sind doch sehr platonischer Art, sie finden eine Grenze an der Rücksicht auf vermeintliche Erfordernisse der Disziplin. Man will sich nicht entschließen, diejenigen Maßregeln zu ergreifen, die solchen Zuständen wirklich abhelfen könnten.

Man verweigert im Widerspruche zum ganzen Volke eine wirklich tiefgreifende Reform des Militärgerichtsverfahrens. Man verweigert vor allem die in Bayern schon seit Jahren bestehende Oeffentlichkeit, dieses wirksamste Mittel gegen eine Entartung der Rechtsprechung. Man kann sich deshalb nicht wundern, wenn der preußische Militarismus, der hier im Widerspruche zu unserem ganzen Kulturleben steht, als kulturfeindliche Macht empfunden wird.

Man hält ferner die Bestimmung aufrecht, daß der Soldat, der wissentlich oder auch nur wiederholt leichtfertig unbegründete Beschwerde erhebt, bestraft wird, und zwar ohne gerichtliches Verfahren, eine Bestimmung, die natürlich geeignet ist, jegliches Beschwerderecht illusorisch zu machen, besonders da bekanntermaßen Zeugen für Mißhandlungen unter den Kameraden oft gar nicht zu beschaffen sind und da daneben auch jede Abweichung von dem vorgeschriebenen Dienstwege mit Arrest bestraft wird und endlich die Beschwerde in der Regel dieselbe Instanz passieren muß, gegen die sie gerichtet ist. Das ist in der Civilverwaltung schon bedenklich, aber allenfalls erträglich. Was es jedoch unter militärischen Verhältnissen bedeutet, leuchtet ohne weiteres ein.

Man müßte, wenn das Beschwerderecht wirksam fungieren soll, vorschreiben, daß der Beschwerdeführer sich an den nächsten Vorgesetzten desjenigen wendet, über den er zu klagen hat.

Eine Bestrafung des Beschwerdeführers dürfte nur dann eintreten, wenn ihm das Bewußtsein eines Mißbrauches seines Beschwerderechtes nachgewiesen ist, und dieser Nachweis müßte im gerichtlichen Disziplinarverfahren geführt werden.

Der Beschwerdeführer und seine Zeugen müßten aber weiter auch wirksam gegen die Folgen einer berechtigten oder unberechtigten Beschwerde, jeder Zeuge gegen üble Folgen seiner Aussage geschützt werden, nötigenfalls durch Versetzung in ein anderes Regiment. Es ist ja bekannt, daß heute die Anzeige von vielen groben Ungehörigkeiten unterbleibt, weil der Soldat lieber die Mißhandlungen erträgt, als sich den unfaßbaren Chicanen aussetzt, von denen er im Falle erfolgreicher Beschwerde von seiten seiner Vorgesetzten bedroht ist, und daß oft die Kameraden aus Furcht vor solchen Chicanen und Mißhandlungen absolut zu keiner Aussage zu bringen sind, während sich nach Ablauf der Dienstzeit vor einem bürgerlichen Richter ihre Zungen lösen.

Den Forderungen der bürgerlichen Gesellschaft an die Militärstrafrechtspflege ist damit allerdings noch nicht genügt. Wir verlangen Einschränkung derselben auf die Beurteilung wirklicher Disziplinarvergehen und Einschränkung ihrer Strafmittel, annähernd auf das Maß desjenigen, was sonst im Disziplinarverfahren zur Verfügung steht.

Daß Militärgerichte über Vergehen urteilen, welche nichts mit Militärdisziplin zu thun haben, sondern dem allgemeinen Strafgesetzbuche unterliegen, ist eine ganz einzig dastehende Durchbrechung unserer bürgerlichen Rechtsordnung, in der sich der Militarismus wiederum als eine dem bürgerlichen Rechtsleben fremde und feindliche Macht zu erkennen gibt.

Daß ein Soldat wegen Beleidigung eines Civilisten, wegen eines Diebstahls, der außerhalb der Kaserne verübt ist, nicht vor das ordentliche Gericht, sondern vor den Militärrichter kommt, ist etwas, was einem großen Teil des Volkes anscheinend unbekannt ist, oder doch nicht recht in seiner Bedeutung erfaßt wird. Sonst könnte sich dieses ganz vereinzelt dastehende Privileg ja unmöglich gegen den allgemeinen Unwillen halten. Oder sind wir so militarisiert, daß wir eine solche Ausnahmestellung bewußt dulden?

Unsere Forderung geht freilich noch weiter: Es müssen auch alle schwereren Vergehen im Dienst und innerhalb der Kaserne, die zugleich gegen das allgemeine Strafrecht verstoßen, vor das ordentliche Strafgericht gezogen werden.

Doch das ist freilich ein Zukunftsprogramm. Die Hauptsache ist zunächst: solange die Militärrechtspflege sich nicht den Forderungen der Zeit anbequemt, solange sie sich weigert, öffentlich zu verhandeln, solange sie nicht die Beschwerdeführung grundsätzlich erleichtert und solange sie dem Beschwerdeführer nicht wirksamen Schutz verleiht, solange wird man es dem Militarismus nicht glauben, daß es ihm wirklich voller Ernst ist mit der Bekämpfung roher Uebergriffe. Und solange liegt es für jeden auf der Hand, daß die militärischen Kreise wohl jene Brutalität beklagen, aber doch lieber sie dulden, als daß sie auf Kosten ihrer blind verehrten sogen. Disziplin der bürgerlichen Auffassung die notwendigen Zugeständnisse machen.

Man könnte uns einwenden, Roheiten, Mißhandlungen und Ungerechtigkeiten ereigneten sich überall und seien nicht etwas, was dem Militarismus eigentümlich wäre.

Darauf wäre zu erwidern, daß die militärischen Einrichtungen die Bedingungen enthalten, unter denen sich jeder Keim von Rohheit und Rechtsmißachtung üppiger als anderswo entwickeln muß.

Das Heer in seiner heutigen Verfassung ist eine Gemeinschaft, die vom Untergebenen unbedingten blinden Gehorsam fordert und die kein schwereres Vergehen kennt, als die Verletzung dieses Gehorsams, eine Gemeinschaft, die so sehr auf diese falsche Auffassung von Autorität gegründet ist, daß sie selbst berechtigten Beschwerden des Untergebenen gegen einen Vorgesetzten nur höchst widerwillig Folge gibt.

Dem Vorgesetzten ist damit gegenüber dem Untergebenen eine Macht gegeben, wie nirgends sonst, und jede solche Macht enthält die Versuchung des Mißbrauchs in sich. Härte und Bosheit, die sich im freien bürgerlichen Leben vorsichtig zurückhalten müssen, weil man ihnen mit gleicher Münze zahlen würde, haben hier Opfer vor sich, die in der Hauptsache wehrlos sind.

Gestehen wir doch nur, wie viel Härte und Grausamkeit in der Menschennatur verborgen ist. Wenn Zorn oder Haß diese für gewöhnlich schlummernden Eigenschaften einmal wecken und wenn dann zugleich einmal zufällig die äußeren Schranken fortfallen, die den Einzelnen hindern, sich rücksichtslos gehen zu lassen, dann bleibt von dem homo sapiens nicht viel übrig. Diese Schranken nun sind für den militärischen Vorgesetzten dem Soldaten gegenüber fortwährend so schwach, wie kaum in irgend einem anderen Verhältnis, und darin liegt für alle auch nur von fern zur Rohheit neigenden Naturen, ja auch für bloß leidenschaftliche Menschen der stete Anreiz, ihren Unmut an den Untergebenen auszulassen.

Da sich außerdem der Vorgesetzte gewöhnt, in dem Untergebenen jemand zu sehen, der unbedingt und augenblicklich zu gehorchen hat, so bildet sich leicht auch bei besseren Naturen eine gewisse Härte aus, jedenfalls eine gefährliche Mißachtung all' der Eigenschaften freien Menschentums, in die sonst die Völker ihren Stolz setzten, und in denen wir die Kennzeichen und wirksamsten Hebel einer fortschreitenden Kultur erblicken.

Einem großen Teil unserer Offiziere und Unteroffiziere wird es beim besten Willen sehr schwer werden, sich in die freieren Anschauungen von Unterordnung, die ihre Rekruten aus dem bürgerlichen Leben als etwas ganz selbstverständliches mitbringen, überhaupt hineinzuversetzen. Das liegt an der abgeschlossenen Erziehung in Kadettenhäusern und Unteroffiziersschulen. Wer da von klein auf an mililitärische Art gewöhnt ist, der mag wohl wirklich eine „Widerrede" gegen unbegründeten Verweis als schwere Ungehörigkeit empfinden, während der freier aufgewachsene Bürger sie als etwas ganz Selbstverständliches betrachtet und über die Bestrafung einer solchen Handlung empört ist.

Es kommt noch hinzu, daß in einem nicht geringen Bruchteil des Militärstandes jedenfalls schon von vorneherein eine gewisse Hinneigung zu rücksichtsloser Härte vorhanden ist.

Gewiß haben wir im Offizierskorps zahlreiche hochgebildete und fein empfindende Männer, und mir liegt nichts ferner, wie ich schon betont habe, als das Urteil über die Institution ohne weiteres auf die Personen zu übertragen, oder auch Einzelnen deshalb mit einem Vorurteil zu begegnen, — im Gegenteil, ich würde bei einer solchen Generalisierung mich selbst in den Personen von nahen persönlichen Freunden verletzt fühlen.

Gewiß finden sich auch unter den Unteroffizieren eine Menge braver und gutmütiger Leute, die vom Soldatenschinder keinen Zug an sich haben.

Aber es ist doch unleugbar, daß auf der einen Seite unter den Elementen, die der Heeresdienst anzieht, ein starker Prozentsatz schon von vorneherein mit einem gewissen Widerwillen gegen die freieren Gewohnheiten des bürgerlichen Leben erfüllt sein muß, und daß auf der anderen Seite feiner organisierte Naturen sich in der Regel von dem individualitäts-feindlichen Geiste des Berufes, dessen bloße Existenz obendrein mit ihren Anschauungen von Zivilisation kaum vereinbar ist, abgestoßen fühlen werden.

Unser Offizierkorps rekrutiert sich zum Teil aus Kreisen, denen die junkerliche Anschauung des Herrenverhältnisses gegenüber dem dienenden Knecht und die Auffassung von dem Pöbel, der Ordre zu parieren hat, geläufig ist. Die Behandlung, die daraus fließt, empfindet die dieser Herrschaft entwachsene Bevölkerung als Mißachtung und unter Umständen als brutale Vergewaltigung.

Einem großen Teil der Unteroffiziere aber ist gewiß von vornherein die Empfindung nicht fremd, daß, nachdem sie selbst geschunden worden sind, sie mit einem gewissen Recht weiter schinden.

Alles in allem genommen ist es doch die unausrottbare Härte und Roheit des Waffenhandwerks, die zu allen Zeiten auch einen verhältnismäßig großen Bruchteil harter und roher Gesellen angelockt hat und die für die Andern die Gefahr mit sich bringt, ihrer eigenen besseren Natur nicht folgen zu dürfen und schließlich Dinge ohne Bedenken zu thun, die sie, außerhalb des Einflusses des Militarismus stehend, selbst als hart und roh empfinden würden, ja die sie auch nur im Dienste als selbstverständlich hingehen lassen, während sie im Privatleben dazu gar nicht fähig sein würden. Die Institution unterjocht eben die Individuen.

Dem Geiste des Militarismus ist es also gemäß, die Disziplin mit einer Härte aufrecht zu erhalten, zu deren Kennzeichnung nach unserem Empfinden die Worte fehlen, und zugleich gegenüber den Untergebenen Brutalitäten passieren zu lassen, zu deren Bekämpfung man die wirksamen Mittel um eben dieser Disziplin willen verweigert.

Die Wirkung dieses Militarismus innerhalb des Heeres empfinden nun heute in der Zeit der allgemeinen Dienstpflicht Tausende von Söhnen des Volkes am eigenen Leibe.

Was ein Teil von ihnen aber vielleicht nicht so sehr empfindet, das ist die demoralisierende Wirkung dieses militärischen Geistes auf alle, die sich von ihm unterjochen lassen.

Man rühmt das Heer als eine Erziehungsanstalt und es soll nicht geleugnet werden, daß darin etwas Wahres liegt. Aber zum Teil ist es nur deshalb noch wahr, weil der Militarismus die öffentlichen Mittel so sehr verschlingt, daß für den Volksschulunterricht nicht genügend gesorgt werden kann. Wenn man den elenden Zuständen im Schulwesen, die vielfach auf dem Lande herrschen, abhelfen wollte und wenn man dafür sorgte, daß für die geistige und körperliche Ausbildung der Jugend geschähe, was sich gehört, so würde man beim Militär nicht die Dinge nachzuholen haben, die eigentlich die Schule leisten soll.

Vorteile für die Erziehung des Soldaten liegen außerdem wesentlich darin, daß er von der heimischen Scholle für einige Jahre gelöst wird und in ganz fremde Verhältnisse kommt, Vorteile, deren Bedeutung in unserm Zeitalter des wachsenden Verkehrs sich freilich jedes Jahr vermindert.

Abgesehen aber davon ist es ganz vorzugsweise der Standpunkt der herrschenden und besitzenden Klassen, von dem aus man die vortreffliche Erziehung der Leute beim Militär rühmen hört. Die Leute werden anstelliger für die Dienste, die man von ihnen verlangt, der gewesene Offiziersbursche gibt einen ausgezeichneten Diener ab, und in ländlichen Arbeitsverhältnissen fügen sich die Leute, die beim Militär gewesen sind, und die Ordre parieren gelernt haben, rascher und williger dem halb militärischen Regiment des Gutsbesitzers.

Es ist dies eine Erziehung zu gunsten des Herrendienstes, angepriesen vom Standpunkte der oberen Zehntausend, viel weniger eine Erziehung zu gunsten der Erzogenen selbst.

Den Vorteilen steht die Beeinträchtigung der freien Entwicklung gegenüber durch stete Unterwerfung unter ein despotisches Regiment.

Gewiß, eine schöne Schulung ist es, sich selbst bezwingen zu müssen, aber etwas ganz anderes ist der Zwang, sich lautlos zu bezwingen, wo man von Gott und Rechtswegen eine Unverschämtheit oder eine Niederträchtigkeit zurückweisen müßte. Bei dem Einen regt er die Leidenschaft auf und treibt zu irgend einer gewaltsamen Katastrophe (man denke an die Soldatenselbstmorde), bei dem Andern fördert er Verstellung und die Neigung, sich heimlich für erlittene Unbill, die man nicht offen zurückweisen kann, zu rächen, bei dem Dritten endlich (und das wird die häufigste Wirkung sein), tötet er das richtige Ehrgefühl und erdrückt die löbliche Empfindung, daß Niemand sich eine derartige Behandlung sollte gefallen lassen müssen. In jedem dieser Fälle dürfen wir sagen, daß der Militarismus demoralisierend gewirkt hat.

Eine Demoralisation und zugleich eine Schädigung der Geistesspannkraft unseres Volkes erblicken wir aber schon in der Gewöhnung an die eiserne Disziplin und den unbedingten Gehorsam, wenn es dieser Gewöhnung wirklich gelingt, die Menschen innerlich zu unterjochen.

Freiwillige Disziplin und ein vernünftiger nicht durch Furcht erzwungener Gehorsam sind offenbar die Zeichen, unter denen unsere Kulturentwicklung Fortschritte machen kann. Die Zwangsdisziplin des Militarismus ist das gerade Gegenteil davon, sie ist der Feind der Kultur und ist entwürdigend für den, den sie sich unterwirft.

Die Mißachtung persönlicher Würde macht sich auch in Äußerlichkeiten geltend. Unser Auge hat sich leider schon an so vieles gewöhnt, was wir als ungeheuerlich empfinden sollten. Aber man versuche nur einmal mit dem Auge eines unbefangenen Menschen zu sehen, auch nur mit der Unbefangenheit, die Jemand gewinnen kann, der einige Zeit in einsamem Landaufenthalt, oder besser noch im Auslande geweilt hat. Man wird dann wunderbar berührt werden, z. B. von den Formen des Verkehrs außer Dienst. Wie unwürdig erscheint Einem die Figur des strammstehenden Soldaten, die besonders auffällig wird, wo soziale Gleichstellung den Eindruck verschärft. Charakteristisch ist der Einjährige, der seinem Vorgesetzten im Wirtshaus begegnet und angewurzelt darauf wartet, daß dieser ihn erblickt und durch „abwinken" aus seiner Lage erlöst.

Oder man beobachte etwa einen Posten-stehenden Soldaten, der vor dem Offizier salutiert. Wenn wir nicht wüßten, daß die Sache nach ernsthafter Vorschrift gemacht wird, so würden wir glauben, daß der Soldat sich einen übermütigen Spaß gestattet, den er einem Harlekin auf dem Possentheater abgesehen hat. Eine solche Verzerrung jeder natürlichen Haltung bringt er beim Präsentieren seines Gewehres fertig, und so komisch wirkt das Verharren in dieser abgeschmackten Stellung, wobei der Blick dem hohen Vorgesetzten am Gewehrschaft vorbei ruckweise folgt. Ich muß allerdings gestehen, daß ich selbst dieses Bild in seiner ganzen betrübenden Komik erst neuerdings in Bayern würdigen gelernt habe. Ob, weil mein Blick inzwischen geschärft war oder weil man in Preußen mehr Talent für diese Sorte von militärischen Stellungen hat, muß ich dahingestellt sein lassen.

Oder man gehe auf eine Parade und sehe sich einen Paradermarsch an. Ich weiß allerdings, daß bei uns dieses Schauspiel eigentlich nur bewundernde oder besten Falls gleichgiltige Zuschauer findet, und trotzdem möchte ich behaupten: Wem nicht die Röte der Scham oder des Zornes über diesen Mißbrauch menschlicher Wesen aufsteigt, der darf sich getrost sagen, daß er vom Militarismus, der bei uns alles beherrscht, selbst schon bedenklich angesteckt ist.

Mit besonderer Klarheit hat sich der Geist des Militarismus dem großen Publikum geoffenbart bei dem famosen Distanzritt, den Offiziere der deutschen und der österreichischen Armee im vorigen Herbst zwischen Wien und Berlin ausgeführt haben.

Als man damals erfuhr, mit welch entsetzlicher Pferdeschinderei dieses vorher so gepriesene Unternehmen geendet hatte, da erhob sich ein wahrer Sturm der Entrüstung, nicht etwa nur in militärfeindlichen Kreisen, sondern überall, wohin man nur hörte. Auch unter Offizieren wurde dieses ganz sinnlose zu Tode reiten der armen Tiere auf das schärfste gemißbilligt. Man erinnert sich wohl noch der Schilderung, in welchem Zustande das Pferd des preußischen Siegers in Wien ankam. Blutend und bedeckt mit den Spuren, die Peitsche und Sporen hinterlassen hatten, ein Bild des Jammers, unfähig, weiter ein Glied zu rühren, brach das arme Tier völlig zusammen und mußte davon getragen werden, um kurz darauf zu krepieren.

Unserer bürgerlichen und der allgemein menschlichen Empfindung würde es entsprochen haben, wenn man den Reiter, dessen so offenkundiges Verhalten doch auch für die Interessen der Armee sehr bedenklich sein mußte, und andere seinesgleichen einfach entlassen hätte. Davon ist nichts geschehen, keine Bestrafung ist erfolgt, im Gegenteil, man hat diesen Sieger noch mehrfach ausgezeichnet.

Wie glaubt man wohl, daß dergleichen im Volke empfunden wird, und mit welchen Gefühlen ein Vater solchen Offizieren seinen Sohn als Rekruten anvertraut? Man fordert ja geradezu die Mißdeutung heraus, daß man die im Distanzritt bewiesene Rücksichtslosigkeit im Schinden fremder Lebewesen als eine militärische Tugend schätze.

Doch nicht genug damit, es hat sich eine Zahl von Tierschutzvereinen aus Anlaß dieses Distanzrittes mit Petitionen an den Reichstag gewendet. Es ist bekannt, daß diese Tierschutzvereine zum großen Teil unter durchaus militärfrommer Leitung stehen. Man hatte also nicht Aeußerungen einer militärfeindlichen Opposition vor sich, denen ein Entgegenkommen möglichst zu verweigern ja leider oft zur Regierungspraxis gehört. Gleichwohl hat der Vertreter des Kriegsministeriums in der Petitionskommission die Erklärung abgegeben: der Militärverwaltung seien in Bezug auf den Distanzritt Berlin—Wien keinerlei Fälle bekannt geworden, auf die sich der Begriff der Tierquälerei anwenden ließe.

Tierquälerei im Sinne des Strafgerichtes ist es ja freilich nur, wenn Jemand öffentlich, oder in ärgerniserregender Weise Tiere boshaft quält oder roh mißhandelt, und es mag sein, daß, wenn man vom militärischen Standpunkt aus an Mißhandlungen und Roheiten einen besonderen Maßstab legt, diese Kriterien noch nicht zutrafen, besonders da die Mißhandlung ja nicht Selbstzweck war, sondern ähnlich wie bei der Vivisection angeblich einer höheren Aufgabe diente. Der Unterschied zu ungunsten des Distanzrittes ist nur noch, daß bei der die Wissenschaft schändenden Vivisection die Tierquälerei für den

Erfolg des Experiments notwendig ist, während der Distanzritt offenbar aufhörte, einen Zweck zu haben, sobald die Leistungsunfähigkeit des Tieres für militärische Zwecke und damit die abscheuliche Tierquälerei begann.

Die Herren im Kriegsministerium, die für jene Erklärung verantwortlich sind, mögen persönlich humane und wohlwollende Leute sein. Um so schlimmer aber für den Geist des Militarismus, der dann bei ihnen trotzdem eine solche Auffassung möglich macht und der (so wenig auch Graf von Caprivi das verständlich findet) in weiten Kreisen der Nation als kulturfeindlich empfunden wird.

Die Erklärung über die Frage des Distanzrittes ist noch in anderem Sinne für den Militarismus charakteristisch.

So hoch wir auch den verhärtenden Einfluß dessen veranschlagen, was man im militärischen Leben rücksichtslose Schneidigkeit nennen wird, so können wir doch nicht glauben, daß man in Wirklichkeit nicht auch im Kriegsministerium die Tierquälerei des Distanzrittes als solche empfunden und beklagt hätte. Wir nehmen vielmehr zur Ehre der Herren, denen wir menschliche Empfindung nicht absprechen dürfen, gern an, daß die offiziell geleugnete Mißbilligung in Wahrheit nicht ganz fehlte.

Aber der Geist des Militarismus scheint es zu verbieten, der allgemeinen Kritik ein so erhebliches Zugeständnis zu machen und den gemachten Fehler einzugestehen.

Gerade der Umstand, daß sich die Öffentlichkeit mit einer Sache beschäftigt hat, wird für das militärische Regiment leicht ein Grund, sie zu schützen. Dazu drängt offenbar die militärische Auffassung von Disziplin und Autorität. Die von außen kommende Kritik ist von vornherein verdächtig, die von unten kommende gilt als Unbotmäßigkeit, sobald sie die bescheidensten Grenzen überschreitet. Wie diese Seite des militärischen Geistes unsere ganze Staatsverwaltung mehr oder minder ergriffen hat, darauf werden wir später näher einzugehen haben. Wie sehr dieser Charakterzug aber der Erhaltung aller Mißbräuche innerhalb des Heeres zu statten kommen muß, leuchtet ohne weiteres ein.

Jede unbotmäßige Handlung also, die die Disziplin verletzt, wird mit einer Härte, die dem verständnislosen Bürger als grausiges Unrecht erscheinen muß, bestraft, und viele Brutalitäten in Wort und That, die gegen wehrlose Untergebene verübt werden, bleiben ohne gebührende Sühne, da z. T. die militärische Auffassung in ihrer Beurteilung von der allgemein menschlichen abweicht, z. T. aber wirksame Mittel zur Abwehr dieser Ausschreitungen grundsätzlich verweigert werden. Der Soldat ist im großen und ganzen wehrlos gegenüber diesem System; er wird zu blindem Gehorsam angehalten, äußerlich und innerlich einem menschenunwürdigen Zwang unterworfen.

II. Der Militarismus in seiner Einwirkung auf die bürgerliche Gesellschaft und den Volksgeist.

Soweit über den Militarismus, wo er sich selbst überlassen ist, im Heere.

Suchen wir nun, wenigstens in großen Zügen, zu bestimmen, wie er außerhalb dieser Grenzen das Leben des Volkes beeinflußt, und inwiefern er leider nichts weniger als ein leeres Schlagwort, sondern der sehr reelle und mächtige Gegner des Kulturfortschrittes ist, den wir im Interesse der Nation zu bekämpfen haben.

Die eigentümliche Stellung des Militarismus in der Gesellschaft beruht darauf, daß der größte Teil der männlichen Bevölkerung einige Jahre dem Heere angehören muß und daß das Heer ihn auch nach Erfüllung seiner Dienstpflicht nicht völlig frei zu seinem Berufe zurückkehren läßt, sondern ihn in einer steten, wenn auch losen Verbindung mit dem Militärwesen hält. Noch nicht genug mit dieser auf Gesetz beruhenden Beeinflussung, sucht man auch noch über die gesetzlichen Verpflichtungen hinaus den Einzelnen, der schon frei dem bürgerlichen Erwerbsleben angehören könnte, in militärischen Beziehungen zu halten.

Die Wirkung davon ist die, daß speziell militärische Anschauungen und Rücksichten in alle Stände und Berufsklassen hineingetragen werden. Während die übrigen Stände nebeneinander existieren und sich wohl gegenseitig beeinflussen, aber doch nur im Verhältnis freier Wirkung und Wechselwirkung, durchdringt die Auffassung des militärischen Standes, durch besondere Einrichtungen unterstützt, alle anderen. Überall, wo dann die verschiedenen Auffassungen und Interessen nicht übereinstimmen, beansprucht der Militarismus die Vorherrschaft.

Er wird damit zum Gegner aller Stände, die ihre Selbständigkeit behaupten wollen, zum Gegner der bürgerlichen Gesellschaft.

Am auffallendsten ist die Einwirkung und zwar eine tief beklagenswerte Einwirkung des Militarismus in den Kreisen der „guten Gesellschaft", der besitzenden und gebildeten Klassen. Hier ist das Reservelieutenantswesen das große Mittel der Propaganda und leider oft genug einer gewissen Korruption.

Mit vollem Bewußtsein spreche ich hier nicht nur von Beeinflussung, sondern von Korruption.

Würden die Angehörigen unserer besser situierten Klassen, die Gutsbesitzer, Kaufleute, Industriellen und die Mitglieder der gelehrten Stände nur dadurch, daß sie in das Heer eintreten und dort neue, ihnen bisher fremde Verhältnisse kennen lernen, für andere Anschauungen gewonnen, als sie von Hause mitgebracht haben, so könnte man nur von einem Einfluß sprechen, den der Militarismus auf sie ausübte. — So liegen die Dinge aber offenbar nicht: es ist nicht ein weiterer Blick oder eine tiefere Erkenntnis der Bedürfnisse des öffentlichen Lebens, was in den meisten Fällen unsere jungen Reserveoffiziere zu anderen Anschauungen bekehrt, sondern es ist überwiegend die liebe Eitelkeit und eine würdelose Aufnahme fremder Vorurteile.

Es ist ja eine nicht wegzuleugnende Thatsache, daß der Offiziersstand, der lediglich nach der kulturellen Bedeutung des Berufes gemessen, offenbar hinter den übrigen gebildeten Bevölkerungsklassen zurückstehen sollte, vielfach gesellschaftlich den ersten Platz behauptet. Es ist das z. T. historisch zu erklären, als ein Ueberbleibsel aus Zeiten niederer Kulturstufe, in denen für die Behauptung der persönlichen Stellung die Waffentüchtigkeit von wesentlicher Bedeutung war. Daß sich dieses Ueberbleibsel bei uns länger gehalten hat, als in anderen Kulturstaaten, liegt z. T. an der Entwicklung des preußischen Staatswesens, in dem eine einseitig militärische Auffassung lange mächtiger gewesen ist, als anderswo, — und dann im neuen deutschen Reich an der Nachwirkung des Krieges von 1870. Die glänzenden Erfolge haben dem Militarismus den Wind in die Segel gebracht, und mit großem Geschick hat man sie für seine Herrschaft zu benutzen verstanden. Das Bürgertum aber hat sich in scheuer Ehrerbietung vor ihm verneigt, als ob nicht das deutsche Volk, sondern der preußische Lieutenant ganz allein den Krieg geführt hätte.

Genug, der Offizier nimmt jedenfalls bei uns eine bevorzugte gesellschaftliche Stellung ein und durch die Institution des Reservelieutenants wird dem kindischen Ehrgeiz der jungen Leute, an dieser Bevorzugung teilzunehmen, eine bestimmte Richtung gegeben.

Für einen Teil von ihnen gehört es zu den Anforderungen, die sie an sich selbst stellen, daß sie nicht nur in den äußeren Formen das Wesen des Lieutenants nachzuahmen suchen, sondern daß sie auch bestrebt sind, sich seinen Anschauungen möglichst anzupassen. Unterwürfigkeit und Nachahmungstrieb, die von dieser Eitelkeit angestachelt werden, beeinflussen ihre Anschauungen. Diese letzteren sind dann also nicht innerlich erarbeitete Ueberzeugungen, sondern äußerlich angenommene Meinungen, die nun einmal dazu gehören, wenn man sich der militärischen Auszeichnungen würdig machen will, ebenso wie militärische Haltung und ein gewisser, selbstbewußter Ton.

Häufig genug läßt gedankenlose Oberflächlichkeit gewiß gar nicht zum Bewußtsein dieser charakterlosen Unterwerfung kommen, häufig aber mag sich doch dahinter ein schlechtes Gewissen rühren, das durch eine um so rücksichtslosere Behauptung der angenommenen Haltung betäubt werden muß.

Der richtige Reservelieutenant hat sich ganz daran gewöhnt, die Volksmassen anzusehen und zu behandeln, wie es beim Militär üblich ist. Er verliert die Fähigkeit (wenn er sie je besessen hat), mit dem Volke zu empfinden und die Bewegungen, die unsere Zeit aufrühren zu verstehen.

Natürlich lassen sich bei weitem nicht Alle in dieser Weise beeinflussen. Viele machen ihrer Stellung als Reservelieutenant nur gewisse mehr äußere Zugeständnisse und bleiben in anderen Punkten, besonders auch innerlich, unabhängig, Anderer nicht zu vergessen, die von ihm gar nicht berührt oder vom Widerwillen erfaßt werden.

Auf viele aber, die sich selbst innerlich dem Militarismus noch entzogen haben, macht sich der einengende Einfluß desselben in anderer Weise geltend. Sie fühlen sich durch Rücksichten auf ihre militärische Stellung gehindert, ihre Anschauungen über Verhältnisse des öffentlichen Lebens frei zu bethätigen. Auf Schritt und Tritt begegnet es einem, daß jüngere Leute versichern, sie dächten wohl ähnlich, aber seien durch ihre Stellung als Reserveoffizier verhindert, sich frei zu äußern oder gar für ihre Ansicht irgendwie mit der That einzutreten. Eine Korruption, nicht der Personen aber wohl der Zustände!

Es ist ja ganz unglaublich, auf welche Dinge nicht etwa nur des öffentlichen Lebens, sondern ganz privater Beziehungen sich diese Rücksicht auf die militärischen Anschauungen manchmal erstreckt und wie tief der Militarismus in das Leben des Einzelnen und in die Gestaltung unserer bürgerlichen Gesellschaft eingreift.

In seinen gesellschaftlichen Beziehungen, in der Wahl seiner Freunde und der Örtlichkeiten, an denen er verkehrt, in dem Verhalten, das er in vielen Verhältnissen beobachtet, ist der Reserveoffizier unter Umständen durch die Vorurteile, nicht seines eigenen Standes, sondern eines ihm ganz fremden Kreises behindert. Ist es nötig an den Bezirkskommandeur zu erinnern, der kürzlich einen Reserveoffizier aufforderte, aus einem Verein auszutreten, in dem er mit Leuten gesellig verkehrte, die militärisch seine Untergebenen waren? Man fängt es nicht immer so ungeschickt an, wie dieser Bezirkskommandeur, aber die Auffassung ist vielfach die gleiche!

Besonders verderblich ist der Einfluß des Militarismus in dem eigentlichen Bürgertum, das seine Selbständigkeit doch verhältnismäßig leicht bewahren könnte. Es ist hier am betrübendsten zu sehen, wie er die Unabhängigkeit untergräbt und die Fähigkeit zu einer freien Auffassung des Lebens beeinträchtigt. Für die allgemeine Entwicklung unserer Zustände kann dieser fortschreitende Verfall unseres Bürgerstandes die bedenklichsten Folgen haben; denn es bleiben dann nur die beiden haßerfüllten Gegner übrig, auf der einen Seite der Militarismus mit seinem Gefolge, auf der anderen Seite der aufstrebende vierte Stand, als der allein ungebrochene Vertreter aller, die noch Freiheit schätzen. Wem der Sieg zufallen wird, kann ja nicht zweifelhaft sein, aber die Aussichten auf eine friedliche Entwicklung schwinden sichtlich dahin.

Ist in den bürgerlichen Erwerbsständen der Einfluß des Militarismus am beklagenswertesten, so ist er doch naturgemäß noch schärfer ausgeprägt in den Zweigen der öffentlichen Verwaltung und in allen Beamtenkreisen, welche von Haus aus sich schon in größerer Abhängigkeit von der Regierung befinden.

Es wird später näher darauf einzugehen sein, wie sich das auf verschiedenen Gebieten des öffentlichen Lebens geltend macht. Hier sei nur summarisch darauf hingewiesen, wie ganz anders als eine menschlich frei erzogene Persönlichkeit sich der richtige Reserveleutnant in Verwaltung, Rechtsprechung und Unterricht bethätigen wird und wie wichtig es für unsere nationale Entwicklung ist, ob hier eine freie, vorurteilslose Humanität oder militärische Anschauungsweise regiert.

Wie man die bevorzugten Stände des Volkes als Reserveoffiziere im Banne des Militarismus hält, so stehen auch eine Anzahl Mittel zu Gebote, um die größeren Massen zu beeinflussen.

Schon durch die regelmäßig wiederkehrenden Kontrollversammlungen und Übungen ist dafür gesorgt, daß der Einzelne, wenn er in das bürgerliche Leben zurückgetreten ist, nicht ganz frei wird von der Empfindung, zugleich einem zweiten Stande, dem Militär anzugehören und den Vorschriften militärischer Disziplin unterworfen zu sein. Wie gelegentlich versucht worden, diese Kontrollversammlungen und Übungen zur politischen Beeinflußung zu benutzen, ist bekannt.

Neben diesen gesetzlichen Einrichtungen werden als wirksamstes Mittel, die klein-bürgerliche Gesellschaft mit dem Geiste des Militarismus zu durchdringen, die Kriegervereine benutzt. Wie immer wieder versucht wird, durch diese Kriegervereine politische Propaganda zu machen und sie besonders für die Wahlen zu verwerten, braucht nicht erst erzählt zu werden, wir erleben es vermutlich wieder in diesen Tagen. Darauf möchte ich auch weit geringeres Gewicht legen, als auf die dauernde Beeinflußung, die durch diese Vereine auf die Gesinnung des Bürgertums geübt wird.

Es wird dadurch die Anschauung gepflegt, als ob die Anforderungen an militärische Disziplin, die innerhalb des Heeres gelten, für den gemeinen Soldaten auch in seinen bürgerlichen Beziehungen und in Verhältnissen des öffentlichen Lebens noch irgend eine Bedeutung hätten.

Die ganze Auffassung von Disziplin, von dem Unterordnungsverhältnis, das vom Befehlenden keine Rechenschaft fordert und dem Gehorchenden das Recht zur Kritik verweigert, diese ganze Auffassung, die für das bürgerliche und öffentliche Leben nicht zu brauchen ist, wird durch dieses Soldatenspielen in den Kriegervereinen genährt. Es wird zugleich in den Mitgliedern die Anschauung erzeugt, als ob sie als ehemalige Angehörige des Heeres verpflichtet wären, zu öffentlichen Fragen eine andere Stellung einzunehmen, als ihre Standes- und Berufsgenossen. Diese Vereine dienen so als ein Mittel der Zersetzung für die bürgerliche Gesellschaft.

Wenn bei öffentlichen Anlässen größere Massen des Volkes, gesondert nach Berufs-Genossenschaften und freien Vereinigungen auftreten, so wird diese natürliche Gliederung durchbrochen durch die Kriegervereine. Die ihnen angehörenden Handwerker, kleinen Kaufleute und Arbeiter sondern sich von ihren Berufsgenossen ab und stellen ihre lose Zugehörigkeit zur Armee über die Gemeinschaft, die ihr ganzes bürgerliches Leben beherrscht. Sie fühlen sich als Glieder einer halbmilitärischen Vereinigung in einem gewissen Gegensatz zu ihren rein zivilen Standesgenossen, und ihr Auftreten erhält einen Zug von jener seltsamen Anmaßung, wodurch das Auftreten manches „schneidigen" Offiziers gegenüber dem Zivil gekennzeichnet ist.

Natürlich sind diese Vereine in den großen Städten, wo sich der Einzelne leicht der Beobachtung entzieht, von geringerer Bedeutung. Erst in den kleineren Orten gelangen sie zu rechter Wirksamkeit.

Der militärische Geist in diesen Vereinen wird dadurch gestärkt, daß die Leitung in der Regel in nahe Beziehung zu pensionierten Offizieren tritt, die dem Vereine als Ehrenmitglieder oder Präsidenten anzugehören pflegen. Die halbamtliche Instanz zur Beeinflußung der Vereine im Einzelfalle gibt das Landwehrbezirkskommando ab, und indem dem Verein eine Fahne direkt vom Monarchen verliehen und eventuell auch wieder entzogen wird, hat man ein wunderbar kräftiges Mittel, diese Beeinflußung besonders wirksam zu machen.

Diese Fahne erfüllt gewiß gar manche mit dem heiligen Schauer militärischen Subordinationsgefühls, und wenn der Verein sich dann hinter ihr im Zuge ordnet, in Reih und Glied aufmarschiert, in ganz anders straffer Haltung, als das schlampige Zivil, die älteren Mitglieder mit einigen Kriegsdenkmünzen auf der Brust, da mag man sich wohl vorkommen als etwas, was berufen ist, in der bürgerlichen Gesellschaft eine ganz besondere Rolle zu spielen, während man in Wirklichkeit mit seiner kindlichen Freude an den Aeußerlichkeiten des Soldatenspielens sich nur dazu hergibt, einem System, das im Grunde genommen hochmütig auf die bürgerlichen Kreise herabsieht, ergebenst die Schleppe zu tragen.

Es war bisher nur davon die Rede, in welcher Weise die eigentliche bürgerliche Bevölkerung, die dem Heere nur in Erfüllung der Dienstpflicht angehört hat, vom Militarismus beeinflußt wird.

Nicht vergessen dürfen wir, wie sich daneben noch ein breiter Strom von völlig militärischen Elementen fort und fort in das bürgerliche Erwerbsleben und besonders in das mittlere und kleine Beamtentum ergießt, Dank dem System der Offizierspensionierungen und dem Militäranwärterwesen.

Es sind das bis zu einem gewissen Grade unvermeidliche Übelstände, aber man mag sich vor Augen halten, wie auch hier das Militär eine Ausnahmestellung einnimmt.

Die Strapazen eines Krieges beanspruchen wenigstens für den Dienst in der Front eine körperliche Rüstigkeit und Frische, die erheblich früher als sonstige Arbeitsfähigkeit verloren geht.

Die Folge ist, daß Personen, die noch im kräftigsten Mannesalter stehen, ihren Abschied erhalten und nun in einen andern Beruf übertreten, während in jedem andern Berufe, von vereinzelten Ausnahmen abgesehen, der Mann auszuharren pflegt, so lange er überhaupt noch für irgend eine Thätigkeit die volle Arbeitskraft besitzt.

Aus keinem andern Stande also gehen irgendwie nennenswerte Elemente in einen andern über, nur aus dem Militär dringen sie ununterbrochen in andere Berufskreise ein, und sie besetzen einzelne derselben förmlich in geschlossener Masse.

Man muß dabei berücksichtigen, daß es nicht junge Leute sind, die sich noch leicht in andersartige Verhältnisse und Anschauungen hineinfinden, sondern Personen im Mannesalter, die durch eine jahrelange Gewöhnung an militärische Denkungsweise, an militärische Unterordnung mit Mißachtung jeder Freiheit dem bürgerlichen Leben entfremdet und zum großen Teil auf immer für eine Gesellschaft, die sich auf anderen Prinzipien aufbaut, verdorben sind.

Das ist, wie gesagt, zum Teil ein durch die Natur der Verhältnisse gegebener unvermeidlicher Uebelstand, aber verschärft wird er noch durch eine Reihe von Einrichtungen, die selbst wieder ein Zeugnis für den herrschenden Militarismus sind.

Im Heere allein besteht der Grundsatz, daß Jemand nicht in einer niederen Charge, für die er tüchtig ist, verbleiben kann, wenn er dem Dienstalter nach in eine höhere aufrücken sollte. Hält man ihn für diese nicht für befähigt, so muß er seinen Abschied nehmen.

Dadurch wird die Zahl der pensionierten Offiziere, die im besten Mannesalter in's bürgerliche Leben überzutreten gezwungen sind, ganz erheblich gesteigert. In keiner andern Verwaltung besteht dieser Grundsatz, und es ist schlechterdings nicht abzusehen, weshalb ein Offizier, der ein guter Kompagnieführer ist, genötigt werden muß, aus seinem Berufe auszuscheiden, nur deshalb, weil er zum Bataillonsführer nicht taugt und ein nach Dienstjahren Jüngerer zu seinem Vorgesetzten ernannt wird.

Widerstreitet das den militärischen Anschauungen, so sollten diese sich eben den Anforderungen der Allgemeinheit anpassen, während bei uns umgekehrt verlangt wird, daß die Allgemeinheit, die Steuerzahler im Budget des Staates und die bürgerlichen Konkurrenten im Erwerbsleben, unter den militärischen Vorurteilen leide.

Das allgemeine Wirtschaftsleben wird nämlich nicht nur durch die zu früh gezahlten Pensionen belastet, sondern auch dadurch geschädigt, daß ein Teil der pensionierten Offiziere und alle Militäranwärter unter günstigeren äußeren Bedingungen im bürgerlichen Erwerbsleben konkurrieren. Durch die Pensionen sind jene in den Stand gesetzt, den bürgerlichen Konkurrenten zu unterbieten, und gewisse Stellungen sind zu Gunsten der Militäranwärter anderen Personen so gut wie verschlossen.

Gewiß liegen hier Schwierigkeiten vor, und besonders das Los der früh mit jämmerlich schmaler Pension entlassenen Offiziere, die nun dem bürgerlichen Leben fremd und ratlos gegenüber stehen, ist sicherlich kein beneidenswertes. Wir wollen den Einzelnen nicht schadenfroh damit abspeisen, daß er eben dem Militarismus, dem er selbst sich hingegeben hat, nun zum Opfer fällt, und wir erkennen an, daß für die abgehenden Unteroffiziere, so wie die Verhältnisse heute liegen, durch besondere Maßregeln gesorgt werden muß.

Aber ebenso dringend ist das Bedürfnis, dem Ueberwuchern dieser militärischen Eingriffe in das freie Erwerbsleben Einhalt zu thun; denn es ist eine wahre Kalamität, wenn in die wirtschaftliche Entwicklung Elemente hineingeworfen werden, die unter so ganz anders gearteten Bedingungen konkurrieren und die obendrein, — das ist für unsere Betrachtung an dieser Stelle ja der wesentlichste Punkt — den Geist des Militarismus nicht mehr von sich abstreifen können.

Unter diesem Militarismus leidet notwendig die Seele des Volkes. Es wird gehemmt in seiner Entwicklung zur Freiheit und zur Fähigkeit diese Freiheit zu gebrauchen. Es wird beeinträchtigt in seiner wirtschaftlichen Tüchtigkeit.

Wenn wir nicht nur wie bisher die nächstliegenden Interessen und die unmittelbaren Wirkungen ins Auge fassen, sondern unsern Blick darüber hinaus auf die Einflüsse richten, welche indirekt, gleichsam durch die Volksseele hindurchgehend, zwar langsam, aber um so nachhaltiger sich geltend machen, so ist es offenbar eine Frage von allerhöchster Bedeutung, wie der Geist des Militarismus sich zu den allgemeinsten Bedingungen des künftigen wirtschaftlichen, politischen und geistigen Fortschrittes des Volkes verhält.

Das Thema hier in umfassender Weise zu beleuchten, ist natürlich unmöglich, nur einige Schlaglichter mögen zeigen, von welcher Bedeutung und Ausdehnung es ist.

Der wichtigste Zug der wirtschaftlichen und politischen Entwicklung, in der wir stehen, ist die Lösung breiter Volksschichten aus der wirtschaftlichen und politischen Abhängigkeit und Unmündigkeit, in der sie lange gestanden haben. Sie haben gelernt, sich als eine Macht in Staat und Wirtschaft zu fühlen, oder sie sind im Begriff, es zu thun, und sie verlangen nun mit unwiderstehlicher Macht eine andere Stellung, größeren politischen Einfluß, neue Formen wirtschaftlicher Organisation und frisches geistiges Brot. Ihnen stehen die bisher herrschenden Klassen, zugleich die Vertreter einer alten Bildung gegenüber.

Die Hauptbedingung für einen glücklichen Verlauf dieser Entwicklung ist nun offenbar, daß auf der einen Seite der Einzelne möglichst tüchtig werde für die veränderte Stellung, die ihm das Vorwärtsdringen seines Standes angewiesen hat, und daß man auf der andern Seite zugleich Verständnis für den notwendigen Umgestaltungsprozeß und auch die Kraft zur Behauptung wertvoller alter Kulturgüter besitzt. Dazu braucht es auf beiden Seiten vor allem möglichst selbständige Menschen, selbständig im Denken und im praktischen Handeln. Daß ein wahrhaft selbständiger Mensch in allen Klassen noch nicht auf Tausende kommt, daran braucht man uns nicht zu erinnern; aber es handelt sich für uns Masse der Durchschnittsmenschen doch um Annäherung an dieses Ideal, das zugleich ein Ideal für die allgemeine Entwicklung ist.

Der Militarismus — wenn er sich jetzt auch rühmt, mehr als früher auf die Einzelausbildung Gewicht zu legen — unterdrückt diese Entwicklung zur Selbständigkeit mit seiner Auffassung von Disziplin, und ist damit ein Hemmnis für gesunde soziale Entwicklung, sobald er Einfluß auf die bürgerliche Gesellschaft gewinnt.

Nahe verwandt damit ist ein anderer Gesichtspunkt. Die sozialistische Richtung der Zeit drängt überall nach Organisationen, die auch, wenn sie sich einst auf mehr demokratischer Basis aufbauen und so die Selbständigkeit des Einzelnen beanspruchen, doch die Gefahr mit sich bringen, daß der Individualität zu enge Fesseln angelegt werden. Für die Kultur ist es nun ebenso wichtig, daß Individualitäten sich voll entwickeln und frei ausleben können, wie daß der Gedanke sozialer und politischer Organisation zu seinem Recht kommt. Der Militarismus unterdrückt die Individualitäten wie jeden Gedanken an eine sich von unten aufbauende Organisation. Er ist auch hier mit seinem Einfluß auf die Gesellschaft der Feind der Kultur.

Nachdem das Nationalitätsprinzip in Europa seine große Aufgabe in der Hauptsache erfüllt hat und vielfach schon ausgeartet ist in einen unheilbringenden Fanatismus, angewendet auf Verhältnisse, die eine extrem nationale Behandlung nicht vertragen, liegt der politische Fortschritt, der zugleich ein Kulturfortschritt ist, offenbar nach der Richtung hin, daß die Gegensätze gemildert und die nationale Strömung in Europa durch eine weltbürgerliche abgelöst wird. Für den Historiker oder Jeden, der historisch denken gelernt hat, kann es ja gar kein Zweifel sein, daß die starke nationale und zugleich sehr praktisch-realistische Richtung, die zur Zeit herrscht, und die uns als gesunde Reaktion gegen unpraktische Wolkenkuckucksheim-Ideen den nationalen Staat gebracht hat, nicht ewig dauern wird, auch nicht für ewig ihre Berechtigung hat; sie muß, und zwar zum Segen der nationalen Entwicklung, abgelöst werden durch eine stärkere Betonung der Interessen, welche die arbeitende und geistig strebende Menschheit gemeinsam beherrschen und die Völker verbinden. Es will mir scheinen, daß die ersten Ansätze zu dieser Gegenströmung unter der Oberfläche der nationalen Hochfluten schon vorhanden sind.

Daß diese Entwicklung im allgemeinen Kulturinteresse liegt, braucht ja nicht erst ausgeführt zu werden. Sie liegt aber auch in unserm nationalen Interesse; denn wenn wir auch oft noch über Mangel an würdigem Nationalstolz zu klagen haben (wohl weil er der Niederschlag von Jahrhunderten ist und unserer nationalen Existenz diese Patina einmal zu gründlich abgekratzt wurde), so liegt doch die Gefahr gar nicht fern, gleichwohl in nationale Einseitigkeit zu verfallen. Die Symptome für blinden nationalen Dünkel vieler Landsleute und für ihre unvernünftige Geringschätzung fremder Nationen begegnen einem in der Oeffentlichkeit und im privaten Verkehr öfter als in unserm nationalen Interesse zu wünschen wäre.

Der Militarismus ist nun offenbar, ebenso wie seine heutige Ausdehnung z. Teil als ein Ergebnis der starken nationalen Spannung zu betrachten ist, so auch seinerseits wieder ein Förderer nationaler Vorurteile und ein Hindernis für den Fortschritt der Kultur auch nach dieser Richtung.

Das gefährlichste aber bei seinem Eindringen in die bürgerliche Gesellschaft und in den Volksgeist liegt fast darin, daß mit nationaler Voreingenommenheit zugleich die Auffassung vom Kriege, von seiner Berechtigung und seiner Stellung in der Kulturentwicklung verbreitet wird, die dem Militär eigentümlich ist.

Ist der Krieg im Sinne Moltke's ein Element der von Gott gewollten Ordnung, in dem nicht nur die höchsten sittlichen Kräfte eingesetzt werden, sondern auch die sittliche Entwicklung der Völker gleichsam ein notwendiges Reinigungsbad durchmacht — oder ist er eine entsetzliche Barbarei, die Ursache sittlicher Verwilderung selbst dann, wenn ein Volk den aufgezwungenen Kampf im heiligsten Gefühle seines Rechtes beginnt, eine Barbarei, von der wir zwar nicht wissen, ob sie je ganz wird überwunden werden können, die aber überwinden zu wollen der Leitstern aller Kulturbestrebungen sein muß? In welcher Richtung sich für uns der sittliche Fortschritt bewegt, brauchen wir nicht erst zu sagen.

Wir haben nun darin, seit Kant vor nahezu 100 Jahren seine Schrift zum ewigen Frieden schrieb, entschieden Rückschritte gemacht. Man ergibt sich heute in die Notwendigkeit, nicht nur des Krieges ganz im allgemeinen, sondern in die des uns drohenden Krieges, wie in etwas unabänderliches, und man belächelt als Phantasten die Männer, welche meinen, die zivilisierten Nationen könnten sich über ihre wirklichen und vermeintlichen Interessen verständigen, ohne daß friedliebende Bürger verwundet und sterbend die Schlachtfelder bedecken. Man stellt sich vielfach den Krieg nur im allgemeinen vor, wie ein Schachspiel mit Figuren, die man indifferent beiseite schiebt, oder wie ein aufregendes Manöver mit glänzend anzusehenden Attaken, Trommelwirbel, Hurrah und schmetternden Signalen, und denkt dabei nicht an die gar nicht auszumalenden Greuel im einzelnen.

Auch darin ist die Einwirkung des Militarismus auf die bürgerliche Gesellschaft und das Empfinden des Volkes zu erkennen. Fällt aber der kräftige Widerstand der Volksempfindung gegen den Ausbruch eines Krieges fort, so ist damit eines jener Imponderabilien geschwächt, deren Bedeutung für die Behandlung öffentlicher Angelegenheiten einst Bismarck so treffend hervorgehoben hat, eine jener nicht genau zu erwägenden Kräfte, die im gegebenen Moment doch einmal entscheidend in die Wagschale fallen, einen Krieg verhindern oder ihn herbeiführen können.

III. Der Militarismus im Staate, in der Regierung, Verwaltung und Gesetzgebung.

Wie wir sahen, hat der Militarismus das ganze Land und alle Schichten der Bevölkerung mit einem Netz von Einrichtungen überzogen, durch die er die bürgerlichen Kreise sich zu unterwerfen sucht. Die natürliche und heilsame Entwicklung zu freieren Anschauungen wird damit gehemmt, die bürgerliche Gesellschaft wird in sich gespalten oder eingeschüchtert, und der Militarismus kann fast unangefochten das öffentliche Leben, das Staatswesen, die Gesetzgebung und Verwaltung beherrschen.

Wenn wir nun auf den folgenden Seiten den Geist des Militarismus in unserm öffentlichen Leben nachzuweisen suchen, so muß zunächst ein Mißverständnis abgelehnt werden. Wir meinen nicht etwa, daß überall, wo dieser Geist uns zu herrschen scheint, die Dinge sofort ganz anders ständen, sobald man nur die direkten militärischen Einflüsse beseitigte.

Zwar in unsern bürgerlichen Mittelstand und auch in viele besser gestellte Erwerbskreise werden militärische Anschauungen dadurch überhaupt erst hineingetragen. In den bevorzugtesten Gesellschaftsklassen dagegen findet der Militarismus schon vielfach eine ihm nahe verwandte Ideenwelt vor. Große Stellung und Besitz erzeugen oft genug Anschauungen, die von denen des Militarismus nicht weit entfernt sind; aber diese würden ohne seine mächtige Stütze bald dem veredelnden Demokratisierungsprozeß der Zeit erliegen, während sie so in unberechenbarer Weise verschärft werden und Ansprüche geltend machen können, mit denen sie sonst nie wagen würden, hervorzutreten.

Wie der Militarismus sich im Staate äußert, haben wir in einzelnen Punkten schon berührt, als wir einleitend uns auf Vorgänge im Zentrum des Reiches bezogen, als wir dann den Militarismus im Heere, besonders auch seine Mißachtung der bürgerlichen Rechtsordnung zu charakterisieren versuchten und als wir soeben die Art seiner Einwirkung auf die bürgerliche Gesellschaft verfolgten; — aber wir müssen nun noch im Zusammenhang darauf eingehen; denn für unsere nationale Entwicklung und für die Beurteilung der heutigen politischen Lage ist das schließlich der wichtigste Punkt.

Wie im Zentrum der Regierung eine durch und durch militärische Anschauungsweise vor allen anderen den Vorrang behauptet, ist ja mit Händen zu greifen. Zu Anfang unserer Betrachtungen erinnerten wir den Grafen v. Caprivi an den preußischen General, der als Reichskanzler an der Spitze der gesamten Geschäfte steht, nicht nur in einer Stellung, wie sie in andern Staaten ein Ministerpräsident einnimmt, sondern als wirklich allein verantwortlicher Leiter unseres Reichsfinanzwesens und der Handelspolitik, der sozialen Gesetzgebung und unserer auswärtigen Beziehungen. Eigentlich Niemand findet das bei uns besonders auffallend.

Ebensowenig findet man Grund, sich sonderlich zu erhitzen, wenn an die Spitze der Unterrichtsverwaltung ein Mann gestellt wird, der ohne abgeschlossene Gymnasialbildung Offizier geworden, sich später allerdings als ein großes Verwaltungstalent bewährt haben soll, der aber doch allen Bildungsinteressen ziemlich fern gestanden hatte.

Als Gegenbild aber stelle man sich einmal vor, daß ein Jurist, ein Verwaltungsbeamter an die Spitze des preußischen Kriegsministeriums gestellt werden sollte. Ich weiß nicht, ob viele meiner Leser eine so ausschweifende Phantasie besitzen, um sich auszumalen, wie ein solcher Vorschlag aufgenommen würde. Für völlig verrückt würde man einen Politiker erklären, der so etwas im Ernst für möglich halten wollte, — und doch: wäre es sachlich nicht sehr viel besser zu rechtfertigen als die Reichskanzlerschaft eines rein militärisch geschulten Generals, und gibt es nicht große Staaten, in denen der Zivilist als Kriegsminister etwas ganz gewöhnliches ist, und nicht etwa nur ein Verwaltungsbeamter, wie ich schüchtern andeutete, sondern ein Advokat, ein Zivilingenieur, ein politisch gebildeter Privatmann ohne bestimmten Beruf?

Worin liegt es begründet, daß uns der General als Reichskanzler ganz natürlich, ein Zivilist als preußischer Kriegsminister undenkbar erscheint? Nur in dem Einfluß des Militarismus. Überall macht sich bei uns die Anschauung geltend, daß militärische Einrichtungen für den Zivilisten tabu sind, etwas Heiliges und Unverletzliches, was man nur mit abergläubischer Scheu verehren aber nicht berühren dürfe. Von den Einflüssen des übrigen öffentlichen Lebens soll die Heeresverwaltung möglichst unberührt bleiben, und sie beansprucht wie von Rechtswegen diese Ausnahmestellung, die von allen übrigen Ständen respektiert werden muß!

Manchmal bethätigt sich das ja in einer Form, die lediglich als absonderlich interessiren würde, wenn nicht die zu Grunde liegende Auffassung für das Zivil so betrübend oder auch empörend wäre.

Man verzeihe, wenn wir einen Augenblick bei Äußerlichkeiten verweilen. Es sind ja Nichtigkeiten im Vergleich zu der schweren ernsthaften Frage, die uns beschäftigt, aber gerade diese Nichtigkeiten sind so charakteristisch und reden eine Sprache, die auch der verstehen wird, der uns in die späteren Erörterungen nicht folgen mag.

Der Vorgänger des Reichskanzlers war von Hause aus Jurist und Landwirt. Dem Heere hatte er nur in Erfüllung seiner einjährigen Dienstzeit angehört, war dann zur Reserve und Landwehr übergetreten und in der Landwehr bis zum Jahre 1866 zum Landwehrmajor avanciert. Seine weltberühmten diplomatischen Lorbeeren haben dann diesem Landwehrmajor zu einer späten aber glänzenden militärischen Carrière verholfen, die mit der Stellung eines Generalobersten (mit Feldmarschallsrang) abgeschlossen ist.

Dieser gewaltige Politiker, der als Diplomat der Weltgeschichte angehört, der aber Generaloberst geworden ist, ohne wohl je eine Kompagnie oder Schwadron, geschweige ein Armeekorps geführt zu haben, er trat in der Öffentlichkeit Jahre lang immer als Militär auf, — er hat so die Feldzüge mitgemacht und er ist in Uniform auch stets vor der Volksvertretung erschienen.

Auch diese Monstrosität hat man in unserm Militärstaat gar nicht mehr recht als solche empfunden; — aber wo sonst außer etwa in Rußland wäre dergleichen möglich? Man stelle sich einmal vor, daß Disraeli und Gladstone für ihre politischen Verdienste von der

Königin durch militärischen Rang ausgezeichnet wären, oder auch (wenn man die englischen Verhältnisse nicht als vergleichbar gelten lassen will) daß in Italien, einem Lande, das gleich uns die allgemeine Wehrpflicht kennt, Crispi, der in den Einigungskämpfen seines Volkes doch wirklich mitgefochten hat, sich vom König zum General hätte ernennen lassen und so im Parlament aufgetreten wäre! Der Fluch der Lächerlichkeit hätte einen solchen Versuch, den großen Freund zu kopieren, unmöglich gemacht.

Doch bei den Äußerlichkeiten hat es für den Generaloberst nicht sein Bewenden gehabt; seine militärische Charge konnte auch eine sehr ernsthafte Bedeutung erlangen. Als Fürst Bismarck, er, der freigebige Spender von Strafanträgen, einst selbst wegen Verleumdung verklagt werden sollte, da verwies er seinen Gegner Herrn von Diest-Daber an die militärische Gerichtsbarkeit, und der oberste Kriegsherr schlug dann den Prozeß nieder. Gewiß ein Beispiel, das aufs schlagendste zeigt, zu welch merkwürdigen Konsequenzen es führen kann, wenn man den Militärs einen eximierten Gerichtsstand auch für nichtmilitärische Vergehen verleiht.

Zu dem ernst und trübe stimmenden Schauspiel, das uns der gewaltige Staatsmann in seiner Generalsuniform bietet, fehlt auch das Satyrspiel nicht, wenn wir uns eines andern Ministers, des Herrn von Scholz erinnern, der mit 56 Jahren, also längst jeder Wehrpflicht entwachsen, zum Lieutenant à la suite der Armee ernannt wurde, da er es früher über den Vizefeldwebel der Landwehr nicht hinausgebracht hatte. Wer die Nachricht zuerst in einer liberalen Zeitung las, mag wohl erwartet haben, gegen das Blatt würde auf grund des § 131 eingeschritten werden wegen Verbreitung einer erdichteten Thatsache, die geeignet war, „Staatseinrichtungen oder Anordnungen der Obrigkeit verächtlich zu machen". Aber nein, die Nachricht war ganz richtig und die Beförderung muß also wohl dem verantwortlichen Kriegsminister in anderem Lichte erschienen sein als unserm zivilen Unverstand.

Da wäre es immerhin noch sinngemäßer, den Grafen v. Caprivi, der doch jetzt an der Spitze der inneren Verwaltung und des Reichspostwesens steht, zum Assessor und zum Postsekretär zu ernennen und dann rasch avancieren zu lassen bis zum Wirkl. Geh. Rat. Nach Jedermanns Empfinden könnte solch ein Vorschlag ja nur als schlechter Scherz gelten, durch den man sich über den Grafen von Caprivi in recht unziemlicher Weise lustig machen würde; — aber die Beförderung des Herrn v. Scholz zum Lieutenant sollte wirklich eine ganz ernsthafte Auszeichnung sein!

Wer das nicht begreift, mag daraus nur erkennen, eine wie weite Kluft seine eigene Denkungsweise von den militärischen Anschauungen trennt, aus denen in diesem Falle nur eine, für uns freilich ins Gebiet der Komik umschlagende, Konsequenz gezogen ist.

Weniger komisch, vielmehr verwünscht ernsthaft ist der Militarismus, der sich in der Zivilverwaltung selbst geltend macht.

Es war schon davon die Rede, wie unser höheres Beamtentum durch das Reservelieutenantswesen mit militärischen Anschauungen durchsetzt wird und wie für die Kreise der Subalternbeamten das Militäranwärterwesen eine ähnliche Rolle spielt.

Vor allem macht der militärische Geist sich geltend auf dem Gebiete der eigentlichen, politischen Verwaltung.

Unsere Regierungsreferendare sind vielfach nichts anderes als Lieutenants in Zivil, ganz erfüllt vom Geiste des Militarismus, der in ihnen die alte Ueberhebung des Beamtentumes noch gesteigert hat, voll Dünkel nicht auf ihre Kenntnisse, sondern auf ihre Stellung und ganz unfähig zu fassen, daß sie doch die Diener der Nation sind, für deren Bedürfnisse die Verwaltung geführt werden soll. Militärische Schneidigkeit, hochmütige Behandlung des Publikums, schnarrender Lieutenantston und geckenhafte Posierung scheinen für viele die Haupterfordernisse eines Verwaltungsbeamten zu sein, der zuerst einmal der untergeordneten Gesellschaft von Bürgern und Arbeitern nach militärischer Weise imponieren muß. Daß dabei die Kenntnisse der jungen Juristen, die sich der Verwaltung widmen, auf erschreckende Weise zurückgehen, hat der jetzige Kultusminister Dr. Bosse vor einigen Jahren öffentlich konstatieren zu müssen geglaubt.

Dieses Treiben der jungen Leute, der Reserveoffiziere von heute, ist nun aber nicht das einzige militärische Element in der Verwaltung. Nach unten schließen sich ihnen die in der Armee erzogenen Subalternbeamten an, und an der Spitze der Verwaltung regiert vielfach ein nicht viel anderer Geist, wenn auch natürlich die älteren Herren sich von den einfältig=lächerlichen Manieren der jüngeren frei halten.

Was die oft unerträglich grobe Art der Subalternbeamten be=

trifft, so brauche ich mich nur auf die Erfahrungen zu beziehen, die
jeder Einzelne von uns gemacht haben wird. Auch Fürst Bismarck
könnte hier als klassischer Zeuge angeführt werden. Gewiß gibt es höf=
liche Schutzleute (die Berliner sind mir sogar besonders angenehm in
Erinnerung) und noch höflichere Schaffner und Museumsdiener;
aber schon bei den meisten, die ganz artig zu sein wünschen, welch'
ein bewußtes oder unbewußtes Hervorkehren des Beamten, der eigent=
lich eine Art von Regiment über das Publikum führt. Und wie
steigert sich dieses Benehmen bei der geringsten Differenz! Das ge=
schieht gegenüber uns, den sogenannten besseren Ständen. Dann beobachte
man aber, wie die Mehrzahl dieser Leute mit dem schlechtgekleideten
Bürger oder gar mit dem ins Elend geratenen Armen umgeht.
Ziehen wir ab, was einerseits die uns zufällig begegnende persönliche
Roheit eines Einzelnen, andererseits die persönliche Gutmütigkeit
oder die freier gebliebene Menschlichkeit eines Andern ist, so bleibt
für die Klasse als solche doch immer die einzig zutreffende Charakteristik,
daß die Gewohnheiten des Unteroffiziers und der Kaserne in ihr
herrschend sind. Wer frei unter freien Menschen zu leben sich sehnt
und seinen Mitmenschen eine ähnliche Existenz wünscht, kann gegen
diese Gewohnheiten nur zornigen Widerwillen empfinden.

Bei den Spitzen der Verwaltung sieht es nun mutatis mutandis,
d. h. mit der Verschiedenheit, welche die bessere Schulbildung und
die verfeinerten geselligen Formen bedingen, vielfach nicht besser aus.
Man macht sich außerhalb Preußens doch keine rechte Vorstellung
davon, was ein preußischer hoher Beamter, etwa ein die Wahlen
machender Oberpräsident zu leisten imstande ist.

Ich habe mir einmal von dem Wirken eines solchen aus ziem=
licher Nähe, — freilich nur bei flüchtiger persönlicher Berührung,
aber doch auf grund von reichlich zuströmenden direkten Mitteilungen
ein ungefähres Bild machen können, und ich vermag den Eindruck
nur dahin zusammenzufassen, daß die Verwaltungspraxis, die an=
scheinend höheren Orts durchaus gebilligt wurde, charakterisiert war
durch nichtachtende Behandlung der verschiedenartigsten Interessen,
hochfahrendes Wesen gegenüber der bürgerlichen Gesellschaft und ein
rücksichtsloses Kommandieren bei Gelegenheiten, wo zu verhandeln
gewesen wäre, alles ganz im Style des Militarismus, wenn auch
ohne direkte militärische Einflüsse.

Will man ein anderes Beispiel für den Geist des Militarismus, der einen Teil unserer hohen Beamtenschaft beherrscht, so braucht man sich nur an das Auftreten des Herrn von Stephan im Reichstage, an seine Verfolgung des Postassistentenvereines zu erinnern.

Wenn sich im Ressort des Herrn v. Stephan die Unterbeamten vereinigen, um ihre Interessen zu vertreten, nicht unter der hohen Protektion der vorgesetzten Behörde, sondern unabhängig unter sich, gelegentlich auch in Opposition gegen Seine Exzellenz, so werden sie behandelt wie Leute, die den schuldigen Gehorsam versagen, und Herr von Stephan vertritt ganz ohne Scheu die Theorie, daß seine Beamten durch ihre Beamtenstellung in ihren staatsbürgerlichen Rechten (dem Vereinsrecht 2c.) beschränkt seien, eine Theorie, die für politische Beamte ihre Berechtigung haben mag, die aber offenbar auf die Beamten einer Verkehrsanstalt nicht angewendet werden kann. Viele freiheitsbedürftigen Naturen werden dadurch in die allerschroffste Opposition getrieben, wie ja bekanntlich die Sozialdemokratie gerade unter den Postbeamten zahlreiche Anhänger zählt.

Anders als in einem durch und durch militärischen Staatswesen und anders als aus der Auffassung des Militarismus heraus ist ein Auftreten wie das des Herrn von Stephan ja gar nicht zu erklären. Ob er selbst (was ich nicht weiß) je Soldat gewesen ist, berührt diese prinzipielle Auffassung nicht; denn es handelt sich dabei nicht um persönliche, sondern um allgemeine Einflüsse, um die ganze Atmosphäre des Militarismus. In welchem Staate, der auf bürgerlichen Grundsätzen aufgebaut wäre, würde man sich diese Übertragung militärischer Grundsätze in eine große öffentliche Verwaltung, die ein Glied des wirtschaftlichen Lebens ist, gefallen lassen und wie könnte der Chef einer solchen Verwaltung wagen, in das Vereinsrecht seiner Untergebenen mit Zwangsmaßregeln einzugreifen, wenn er sich nicht des Rückhaltes an dem herrschenden Militarismus bewußt wäre.

Ihm schwebt wohl als Ideal das Wort seines Herrn und Meisters vor: „meine Botschafter müssen einschwenken wie die Unteroffiziere", nur daß er nun seinerseits die Rekruten zu drillen versucht.

Nicht alle Ressortchefs sind solche Typen militärisch fühlender Beamten, — vielleicht zeichnet Herr v. Stephan sich deshalb aus, weil er aus kleinen Verhältnissen heraufgekommen ist und der Mißbrauch der Macht deshalb bei ihm besonders unerfreuliche Formen annimmt —, aber gemeinsam ist doch vielen eine Auffassung, die ihre

Wurzel und ihre Spitze im Militarismus hat, gemeinsam ist ihnen die Neigung, selbständige Regungen bei den Untergebenen zu unterdrücken, gemeinsam insbesondere auch die Auffassung, daß jedes Massenunternehmen und jede Anrufung der Volksvertretung durch gemeinsame Petitionen als Ordnungswidrigkeit zu betrachten und mit verstärktem Widerspruch zu beantworten sei.

Eine selbstverständliche Forderung ist es, daß sich die Regierung durch berechtigte Wünsche der Interessenten und die öffentliche Kritik leiten und eines besseren belehren lasse. Wenn anstatt dessen, wie es öfter geschehen ist, ganz offen im Parlament erklärt wird, daß jeder Versuch, die Regierung durch öffentliche Agitation zu einer Maßregel zu drängen, das beste Mittel sei, um diese Maßregel zu verhindern, so erkennen wir auch hier den Geist des Militarismus, der von unserem öffentlichen Leben Besitz genommen hat und der als eine dringende Gefahr für eine gesunde Fortentwicklung bekämpft werden muß.

Der Geist des Militarismus macht sich außerdem auch, wie es uns scheinen will, auf eine bedenkliche Weise in unserer Rechtsprechung geltend. Vergehungen, welche eine Auflehnung gegen die öffentliche Ordnung enthalten, werden unverhältnismäßig hart bestraft, wenn auch an der Militärjustiz gemessen, die Urteile noch immer Wunder von Milde sein mögen.

Das Thema ist so weitläufig und zugleich so schwierig, daß es im Rahmen dieser Schrift nicht näher behandelt werden kann. Beispiele für eine Rechtsprechung dieser Art, bei welcher dem Laien der Verstand still steht, wären sonst leicht zu häufen. Auf ein Beispiel aber von Umwandlung der Rechtsanschauung unter dem Einfluß der militaristischen Auffassung sozialer Probleme werden wir im Anschluß an die Gesetzgebung noch zurückkommen.

Näher liegt uns der Einfluß des Militarismus auf das Schulwesen. Ueberall in Preußen wird darüber geklagt, wie der militärische Geist der Bevormundung und der Unterordnung immer weitere Fortschritte macht.

Es mag in einigen Provinzen Ausnahmen geben, im Allgemeinen aber wird überall die Persönlichkeit des Lehrers unterdrückt, und er gerät in immer größere Abhängigkeit von dem alles regierenden Schulrat und von dem Direktor. Der Unterricht aber und die Schul=

disziplin gehen darauf aus, die Freiheit des Schülers erst recht nicht aufkommen zu lassen. Ein militärischer Drill macht sich breit und die Schuldisziplin maßt sich Gebiete an, die allein dem Elternhause gehören sollen.

Es mag sein, daß mir diese Dinge schlimmer als Anderen erscheinen, weil ich in besonders menschenwürdigen Verhältnissen aufgewachsen bin; aber wenn ich höre, was die Schule an Zwang dem Schüler und dem Elternhause zu bieten wagt, so bin ich starr vor Verwunderung, wie viel man sich gefallen läßt.

Es fehlte nur noch, daß man, wie kürzlich wieder ernsthaft vorgeschlagen ist, ausgediente Unteroffiziere als Lehrer in die Volksschulen einführte. Die naive Überhebung dieses militärischen Gedankens ist so köstlich, daß Kritik ihren Eindruck schwächen würde.

Den Geist des Militarismus erkennen wir, wie in der Verwaltung, auch auf allen Gebieten der Gesetzgebung.

Am deutlichsten sprechen von diesem Einfluß die in Preußen noch bestehenden, wenn auch in neuester Zeit nach harten Kämpfen eingeschränkten Steuerprivilegien und der besondere militärische Gerichtsstand auch für Vergehen gegen das gemeine Recht, von dem oben schon die Rede war. Für alle übrigen Stände sind derartige Privilegien aufgehoben, nur für die regierenden und reichsunmittelbaren Häuser bestehen sie noch fort!

Weit wesentlicher aber erscheinen uns die indirekten Wirkungen des Militarismus auf die Tendenzen der Gesetzgebung.

Wie wäre es denn möglich, daß etwas, was der neueren sozialen Entwicklung so sehr Hohn spricht wie die alte preußische Gesindeordnung, sich noch halten könnte, wenn nicht Alles, Regierung, Verwaltung und Parlament unter dem Einfluß dieses militärischen Geistes stände, teils bewußt mit ihm sympathisierend, teils unbewußt ihm unterthan. Gibt doch diese Gesindeordnung dem Herrn noch ein Züchtigungs- und Beschimpfungsrecht, dem Knecht aber nicht die Freiheit, wie ein Mensch zum Menschen auf schlechte Behandlung mit Wort und That zu reagieren.

Wie wäre es sonst möglich, daß noch heute den ländlichen Arbeitern das Koalitionsrecht verwehrt ist, daß sie bestraft werden, wenn sie durch Verabredung, etwa gar einen Strike, bessere Arbeitsbedingungen durchsetzen wollen.

Es ist das ganz die militärische Auffassung von der Stellung des Untergebenen, der die Disziplin verletzt, wenn er selbständig sein Interesse wahrt, und der als Meuterer behandelt wird, wenn er gar etwa versucht, gegen die Uebermacht des Besitzenden, seines Gutsherrn, die Kräfte der Genossen zu vereinen, die doch vereinzelt ohnmächtig sind und erst gemeinsam wirtschaftlich etwas vermögen.

Dieser Zustand wird dann mit dem schönen Namen eines patriarchalischen Verhältnisses geschmückt, aber das Patriarchalische ist bis auf wenige Ueberreste längst entwichen, geblieben ist die Unterdrückung, die heute auch vom ländlichen Arbeiter als solche empfunden wird und ihn mit forttreibt in die Städte oder über das Meer in die neue Welt.

Wir Städter können uns ja nur schwer hineinversetzen, wir halten es für Uebertreibung oder, wenn wir es hören und glauben müssen, so machen wir uns nicht ganz klar, was es thatsächlich für unser ganzes Volksleben bedeutet; es berührt uns wie eine Sage aus einer fremden Welt, die sich in Wirklichkeit doch wohl noch anders ausnehmen wird: die ganze ländliche Arbeiterbevölkerung, der zweitzahlreichste Stand des Volkes, besitzt in Preußen noch nicht das Coalitionsrecht und steht zum großen Teil unter jener knechtenden Gesindeordnung. Wenn heute sich ländliche Arbeiter vereinigen, um gemeinsam eine Lohnerhöhung durchzusetzen, so schreitet der Strafrichter ein! Mit Gefängnis bis zu einem Jahre werden Arbeiter bestraft, die im Kampf um die Verbesserung ihrer wirtschaftlichen Existenz oder in der Abwehr gegen eine Schädigung derselben das Mittel ergreifen, das das allein wirksame für sie ist, ein Mittel, das die Arbeiter in der Stadt tagtäglich und ganz selbstverständlich benützen.

Besonders bezeichnend ist die Geschichte dieses Koalitionsverbotes. Ursprünglich bestand es nur für die gewerblichen Arbeiter und Arbeitgeber; erst zu Anfang der 50er Jahre verlangten die Grundbesitzer es gegen ihre ländlichen Arbeiter, hatten aber nicht das Anstandsgefühl, wenigstens die formale Rechtsgleichheit zu wahren, die für die Industrie doch bestand. Für das flache Land schien solche Rechtsgleichheit wie ein Frevel an der dort herrschenden militärisch-patriarchalischen Auffassung. Den Besitzern also sind auf dem Lande Verabredungen, um die Löhne zu drücken erlaubt, den Arbeitern aber solche, um sie zu erhöhen, bei Gefängnisstrafe verboten. Noblesse oblige!

Das Gleichnis von dem Bündel Stäbe, die einzeln mit Leichtigkeit gebrochen werden, vereint aber einer großen Kraft widerstehen, ist von den regierenden Grundbesitzern trefflich beherzigt worden. Den Industriearbeitern hat man das Recht gewähren müssen, sich zusammenzuschließen; die Landarbeiter aber sollen in der Vereinzelung bleiben und einzeln gebrochen werden können. Vereinigung ist Auflehnung bei ihnen, so bestimmt noch die Gesetzgebung, ganz erfüllt vom Geiste des Militarismus, der mit dem Grundherrentum ja eines Stammes ist. Und unser Bürgertum, es duldet diesen Zustand seit Jahren; so sehr scheint es selbst angefressen vom Respekt vor dem Geist rücksichtsloser Klassenherrschaft.

Bald freilich, muß man fast fürchten, könnte es auch in der Industrie nicht viel anders aussehen.

Hat man doch in einem Gesetzentwurf vorgeschlagen, den Kontraktbruch bei Arbeitseinstellungen zu bestrafen, also wohl gemerkt nicht etwa nur den Kontraktbrüchigen, wie es bisher der Fall war, für den nachgewiesenen Schaden haftbar zu machen, sondern ihn mit einer „Buße" zu belegen.

Der Gedanke, den Kontraktbruch kriminell zu verfolgen, hat ja gerade für sehr rechtlich denkende Leute zunächst etwas bestechendes: wer sein Wort nicht hält, soll bestraft werden. Aber zwischen der moralischen Mißbilligung und dem Eingreifen des Strafrechtes besteht mit Recht ein großer Unterschied, und es ist noch keinem Gesetzgeber eingefallen, jeden Wortbruch vor den Strafrichter zu ziehen. Bestraft man den, der eine Lieferung übernommen hat, auf welchem Gebiete es auch sei, den Kaufmann, den Fabrikanten, den Unternehmer, den Landwirt, den Literaten, wenn er sich dieser Lieferung entzieht, weil er sie nur mit erheblichem Schaden ausführen könnte, oder weil ihm ein Vorteil dadurch entgehen würde? Ueberall tritt nur der zivilrechtliche Anspruch auf Schadensersatz ein. Darüber geht man nie hinaus, auch wenn dieser Anspruch an der Zahlungsunfähigkeit des vertragsbrüchigen Schuldners scheitert.

Nur im Verhältnis zu den Arbeitern wollte man eine Ausnahme machen. Hier sollte plötzlich als ein Vergehen behandelt werden, was sonst nur einen Schadensersatz begründet und was gerade hier besonders milde zu beurteilen wäre, da der Kontraktbruch in der

Regel in der Aufregung eines Lohnkampfes erfolgt und diese einen schwerwiegenden Entschuldigungsgrund bilden sollte.

Es war wieder der Geist des Militarismus, der hier sein Wesen trieb; denn was man eigentlich treffen wollte, waren nicht einzelne Kontraktbrüche, sondern die Strikes der Massen, die der Denkungsart des Militarismus im Grunde genommen immer als Auflehnung erscheinen. Vorgeschoben wurde die soziale und wirtschaftliche Bedeutung der Massenkündigungen, als ob jemals eine Handlung, die im allgemeinen nicht unter das Strafgesetz fällt, bei sehr angesehenen oder reichen Leuten wegen ihrer besonderen sozialen oder wirtschaftlichen Bedeutung mit Buße belegt wäre!

Den Kontraktbruch des Arbeiters direkt zu bestrafen, hat man freilich noch abgelehnt, aber wirklich geübt wird die Bestrafung dessen, der zur Kontraktverletzung oder zu einem Strike, der den Kontraktbruch in sich schließen würde, öffentlich auffordert.

Es gehört diese Frage zwar nicht der Gesetzgebung, sondern der Rechtsprechung an, aber sie sei des Zusammenhanges wegen hier behandelt.

Nach § 110 des Strafgesetzbuches wird mit Geldstrafe bis zu 600 Mark oder Gefängnis bis zu zwei Jahren bestraft, wer öffentlich vor einer Menschenmenge zum Ungehorsam gegen die Gesetze auffordert. Man hat diesen Paragraph früher fast allgemein dahin gedeutet, daß unter den Gesetzen solche öffentlich-rechtlicher Natur gemeint seien und nicht die dem Zivilrecht angehörenden Bestimmungen. Ein Kommentar des konservativen Staatsanwalts v. Schwarze aus den 70er Jahren schließt gerade die Aufforderung zum Kontraktbruch noch ausdrücklich aus. Wenn sich seitdem nun die Anschauung verändert hat und man den Paragraphen auf die Arbeiterführer anwenden will, so ist das offenbar nicht eine Entwicklung, die innerhalb der Jurisprudenz von wissenschaftlichen Gesichtspunkten ausginge, sondern eine, die durch sozial-politische Motive beherrscht wird.

Es ist hier eingetreten, was sich in den letzten Jahren so oft beobachten ließ, eine Interpretationspraxis, die erst kürzlich von angesehenster juristischer Seite scharfen Tadel erfahren hat: wenn ein öffentliches Interesse vorzuliegen scheint, gegen gewisse Dinge, die bisher als straffrei galten, einzuschreiten, so sucht und findet man einen Paragraphen, den darauf anzuwenden bisher noch Niemand gedacht hat.

Die Auffassung aber, die dieser Anwendung zu grunde liegt, sie ist wiederum dieselbe, die sich für uns am schärfsten im Militarismus verkörpert und die im Militarismus ihren Halt findet.

Ein Teil der Arbeitgeber ist ganz von dieser Gesinnung erfüllt: wer die Massen auffordert, sich zu vereinigen und im Lohnkampf ihr Interesse wahrzunehmen, gilt als Aufwiegler, und im Grunde ihres Herzens bedauern es die schneidigen Herren, daß sie nicht gegen diese Agitatoren, die in Wahrheit meistens doch nur die führenden durch Wahl erkorenen Genossen der Arbeiter sind, wie gegen Aufruhrstifter vorgehen können. Das wird wohl meistens vorsichtig versteckt, aber von Zeit zu Zeit lüftet doch ein unvorsichtiges Wort oder eine unbesonnene Handlung den Schleier von dieser brutalen Auffassung.

Nicht ich bin es, der dieses Wort, das mir vielfach den Militarismus zu charakterisieren scheint, zuerst auf diese Verhältnisse anwendet. Ein konservativer Politiker und Chronist der Zeitereignisse spricht von dem brutalen Verfahren der Industriellen, die im J. 1889 zur Unterdrückung der Bewegung gegen die Führer ihrer Arbeiter mit Zwangsmaßregeln vorzugehen versuchten.

Wer zweifelt daran, daß ein richtiger Militär an einem solchen Versuch, wenn er nur erfolgreich ist, seine innige Freude haben würde? Für ihn erstrahlt in lichter Glorie die schneidige Durchführung der „Disziplin"; er darf mit Recht darin Geist vom Geist des Militarismus preisen, den herrlichen Geist des Militärstrafgesetzbuches und der Zwangsordnung, der unser ganzes Heerwesen beherrscht und die bürgerliche Gesellschaft so erfolgreich an einer freieren Auffassung verhindert.

Wäre die Kraft des Bürgertums durch Infizierung mit dem militärischen Gift nicht so geschwächt, so könnte der Militarismus nicht so auf der ganzen Linie triumphieren, er könnte sich nicht in seiner oben geschilderten Härte im Heere behaupten und es würde auch nicht möglich sein, daß die Befriedigung seiner Bedürfnisse so unser öffentliches Leben überwucherte.

Ein so gemäßigter Mann, wie Herr von Bennigsen, hat ja jüngst warnend darauf hingewiesen, wie die dringendsten Bedürfnisse der Staatsverwaltung nicht mehr in ausreichender Weise befriedigt werden.

In Preußen ist die Zahl der Richter an manchen Stellen so ungenügend, daß die Rechtsprechung bedenklich darunter leidet und selbst beim Reichsgerichte beginnt man Klage zu führen, daß die Rückstände sich häufen und das Personal zu einer raschen Erledigung der Geschäfte nicht ausreicht.

Wie elend es auf dem Gebiete des Volksschulwesens in Preußen vielfach noch bestellt ist, wie die Zahl der Kinder, die von einem Lehrer zu unterrichten sind, das Doppelte des Zulässigen beträgt und wie die Wohnungsverhältnisse vielfach jeder Beschreibung spotten, das hat nicht etwa ein böswilliger Agitator, sondern der preußische Kultusminister selbst kürzlich mit lebhaften Farben geschildert.

Die Mißstände sind zum Teil so himmelschreiend, daß für ihre Beseitigung einiges hat geschehen müssen; um ihnen aber ausreichend zu begegnen, fehlen die Mittel, denn diese Mittel werden aufgefressen vom Militär, und es fehlt ein Interesse, das sich so energisch durchzusetzen wüßte, wie jede militärische Forderung.

In der höheren Unterrichtsverwaltung spart man seit einiger Zeit vielfach in der kleinlichsten Weise. Uebelstände auf diesem Gebiete, die lediglich durch knappe Mittel bedingt sind, hat kürzlich ein Fachgenosse, der die **finanzielle** Last der Militärvorlage für **nicht erheblich** erklärt, Dr. Jastrow in seiner Broschüre „Drückt die Militärlast?" zur Erörterung gebracht. Er hat die Betrachtung daran geknüpft, wie Interesse und Geld nur für militärische Zwecke vorhanden sind und wie erschreckend gering das Maß von Anforderungen geworden ist, das die zivilen Interessen noch zu machen wagen. Es sei gestattet, seinen Ausführungen einiges zu entnehmen. In wichtigen Unterrichtsanstalten herrscht schon seit Jahren empfindlicher Raummangel, während man doch noch nie gehört hat, daß auf einem Regimentsexerzierplatze nur für 11 Kompagnien Raum war. Schreiende Uebelstände auf dem Gebiete der Zivilverwaltung erträgt man ruhig, und werden sie endlich beseitigt, so macht man viel Rühmens davon. Die Organisation der Ministerien und obersten Reichsbehörden mit Ausnahme der militärischen ist hinter den Bedürfnissen zurückgeblieben, und in der Auswahl der Personen hat man öfter mit unglaublicher Nachlässigkeit gehandelt. „Das ist in Wahrheit der Druck der Militärlast, daß die militärischen Interessen bei uns angefangen haben alle Kulturinteressen zu absorbieren".

Doch auch rein materiell beeinträchtigt die Vorherrschaft der militärischen Forderungen aufs schwerste die Kulturinteressen und unsere wirtschaftliche Entwicklung.

In den zwei Jahrzehnten von 1872 bis 1892 sind die Ausgaben für Heer und Marine (Ordinarium und Extraordinarium) und für die Verzinsung der Reichsschuld um rund 400 Millionen, seit dem Jahre 1879, das die Norddeutsche Allgemeine Zeitung, wenn wir nicht irren, kürzlich zum Ausgangspunkt einer vergleichenden Aufstellung nahm, um rund 300 Millionen gestiegen, von 316 Mill. in 1872, resp. 418 in 1879, auf 719 in 1892. Das ist also seit 1872 etwas mehr, seit 1879 etwas weniger als eine Verdoppelung.

Daneben ist freilich auch der Etat des Unterrichtsministeriums in Preußen seit 1879 in einem ähnlichen Verhältnis von 59 auf 101 Millionen, seit 1872 sogar weit stärker, von $27^1/_2$ Millionen auf 101 Millionen angewachsen. Aber darin spricht sich die Vernachlässigung gewisser Bildungszwecke vor 1872 aus, und man sieht: die Steigerung wird im Kultusetat immer schwächer, während sie im Militäretat gerade in den letzten Jahren reißend angewachsen ist. Und außerdem muß noch berücksichtigt werden, daß die große Steigerung der Ausgaben für öffentliche Unterrichtszwecke im Kultusetat, die im Jahre 1889 erfolgt ist, darauf beruht, daß 20 Millionen lediglich von den Gemeinden auf den Staat übernommen wurden. Zieht man diese ab, wie es notwendig ist, um vergleichbare Zahlen zu gewinnen, so haben wir seit 1879 im preußischen Kultusetat eine Steigerung im Verhältnis von 3 zu reichlich 4, in den Reichsausgaben für Heer, Marine und Schuldverzinsung eine solche von 4 zu 7.

Bezeichnender noch ist das riesige Anschwellen der Reichsschuldenlast, das ganz vorzugsweise durch Ausgaben für Heer und Flotte veranlaßt ist. Während man in dem genannten Jahre 1879 für die Verzinsung derselben $8^1/_2$ Millionen ausgab, ist der Posten 1892 auf beinahe 61 Millionen gestiegen, hat sich also versiebenfacht! Und bald wird unsere Schuldenlast auf 2 Milliarden aufgelaufen sein, die in noch nicht 20 Jahren verausgabt sind.

So drückt denn der Militarismus, auch ganz abgesehen von dem Interesse, das er allen übrigen Verwaltungszweigen entzieht, rein finanziell auf das ganze Gebiet der inneren Verwaltung.

Und mit ähnlicher Schwere drückt er auf das ganze Wirtschafts=
leben, durch die Erhöhung der Steuerlast und durch die Entziehung
so vieler rüstiger Arbeitskräfte.

Auf diese Wirkung kann hier nun nicht näher eingegangen
werden. Sie wird, wenn wir uns nicht täuschen, einmal der Hebel
werden, um das System zu stürzen, ein wirksamerer Hebel, als es
leider die geistigen Einflüsse zu sein scheinen. Bei der immer weiter
fortschreitenden Entwicklung des Weltverkehrs und der internationalen
Konkurrenz muß es den europäischen Völkern doch immer mehr zum
Bewußtsein kommen, wie sie in diesem militärischen Wettrennen ihre
Kräfte verbrauchen und das alte Europa immer weniger fähig
machen, dem von dieser Last nicht niedergedrückten Amerika und
anderen durch besondere Umstände begünstigten Produktionsgebieten
zu widerstehen. Ist diese Erkenntnis erst einmal durchgedrungen, so
wird sich auch der Weg finden, zu der jetzt bespöttelten Abrüstung
zu gelangen und dann nicht nur die Mehrforderungen des Mili=
tarismus abzuwehren, sondern seinen jetzigen Etat gehörig zu be=
schneiden.

Doch das ist ein schöner Zukunftstraum. Einstweilen handelt
es sich noch darum, nur zu verhindern, daß der Militarismus in
unserm Budget immer weitere Verheerungen anrichtet.

Wie er sich gerade in der Finanzverwaltung geltend macht,
wie er den Etat beherrscht und wie er im Parlament seine For=
derungen durchdrückt, das bedarf noch einer besonderen Darlegung.

Kein Geringerer, als Fürst Bismarck hat ja einmal vor der
Volksvertretung in sehr lebhaften Farben geschildert, wie der Ver=
treter eines jeden Ressorts übermäßige Ansprüche mache, wie jedem
Fachminister die Bedürfnisse seines Faches ganz unbedingt notwendig
schienen, während vom Standpunkte der Gesamtinteressen das Urteil
ganz anders ausfalle, und wie nun gegenüber dieser ganz natürlichen
Unersättlichkeit jedes einzelnen Ressorts der leitende Staatsmann
oder der Finanzminister die Aufgabe hätte, auf Einschränkungen zu
bringen und ausgleichende Gerechtigkeit zu üben, wie aber dabei die
Vertretung der finanziellen Forderungen vor dem Parlament ein
ausgezeichnetes Pressionsmittel sei.

Sich selbst allein überlassen (das war der Sinn der Bismarck'=
schen Ausführungen) würde der Minister des Innern nie genug

Verwaltungsbehörden, der Eisenbahnminister nie genug Schienenwege und Bahnhöfe, der Leiter des Postwesens nie genug Postpaläste, der Kriegsminister nie genug Soldaten und Kasernen, der Marineminister nie genug Schiffe — vielleicht auch der Kultusminister nie genug Universitätsinstitute, Schulen und Lehrerstellen bekommen können. Ein Etat, nur von den Fachministern aufgestellt, würde bald die ganzen Staats=Finanzen gründlich ruinieren.

Gegen die übertriebenen Forderungen aller anderen Verwaltungszweige fehlt es nun weder im Reich, noch in Preußen an der Kraft des Widerstandes innerhalb der Regierung selbst oder nötigenfalls in der Volksvertretung. Nur gegenüber den militärischen Forderungen versagt dieses Ausgleichungsmittel.

Innerhalb der Regierung kann von einem entschiedenen Widerstande nicht die Rede sein. Unsere Betrachtungen haben ja gezeigt, wie sehr man dort vom Geiste des Militarismus erfüllt ist. Die entscheidenden Persönlichkeiten stecken ganz in militärischen Anschauungen, fühlen sich als Militärs und glauben sich berufen und verpflichtet, die besonderen Anforderungen ihres Standes und der Heeresverwaltung zu vertreten. In der Regierung haben wir nur den verstärkten Minister des Militärressorts vor uns.

Derselbe mag ja, wie jeder andere verständige Fachmann ehrlich versucht haben, auch die Verhältnisse, die außerhalb seines Ressorts liegen, zu berücksichtigen, aber er hat es doch immer nur mit dem Auge eines für sein Fach lebhaft interessierten Militärs thun können. Eine von außen kommende Kritik, die in ganz anderen Interessen wurzelte und mit den auch noch so zärtlich gepflegten Liebhabereien und Luxusausgaben des Fachmannes unbarmherzig ins Gericht ginge, die fehlt.

Auch der Reichstag hat gegenüber den Forderungen der Militärverwaltung nicht die Kraft des Widerstandes, wie gegenüber allen übrigen Posten des Budgets, und es versagt hier seine Bedeutung als die von Bismarck mit Recht gepriesene scharfe Controllinstanz.

Der Militarismus, der in den höchsten Kreisen und in der Regierung herrscht, beeinflußt naturgemäß auch einen Teil der Volksvertreter, die von Hause aus ihm ablehnend gegenüberstehen. Das wird schon durch die Atmosphäre des Berliner Lebens und durch persönliche Berührungen mit sich gebracht. Andere aber halten es für politisch klug, dem Militarismus Zugeständnisse zu machen, die sie nach einer rein sachlichen Prüfung anderen Ressorts verweigern würden. Man weiß, daß man an höchster Stelle mit nichts so sehr anstößt, wie mit einem scharfen Eingriff in militärische Forderungen, für die die Regierungsautorität einmal mit voller Kraft eingesetzt ist. Man kann dringende Forderungen für Bildungszwecke ablehnen, ein Unterrichtsgesetz zu Fall bringen, die Handelsverträge bekämpfen, oder der sozialpolitischen Gesetzgebung Schwierigkeiten machen, aber nur um Himmelswillen nicht an der geheiligten Majestät des Militarismus rühren, falls man nicht jeder Hoffnung entsagen will, auf den Gang der Regierungsgeschäfte Einfluß zu üben. Man macht sich damit für gewisse Kreise auf immer unmöglich.

Es ist ja z. B. in diesen Tagen deutlich in Aeußerungen eines Teiles der zur Vermittlung geneigten Freisinnigen zwischen den Zeilen zu lesen: man hoffte in anderen Dingen die Regierung zu gunsten liberaler Ideen beeinflußen zu können, wenn man ihr die Militärvorlage durchbringen half. In dieser Hoffnung und in dem Wunsche, die Wahlen zu vermeiden, — nicht aber aus sachlicher Ueberzeugung von der unbedingten Notwendigkeit der Vorlage war ein Teil dieser vermittelnden Freisinnigen bereit, für sie zu stimmen.

Daß diese Berechnung, oder sagen wir diese Stimmung und Hoffnung, eine grundfalsche ist, sei nur nebenbei erwähnt. Die Liberalen, die dem Militarismus vorsichtig ausweichen und ihn ängstlich hätscheln, in der Hoffnung, die Träger dieses Militarismus dadurch zugänglicher zu machen für die doch so bescheidenen und einleuchtenden liberalen Forderungen, sind noch immer die Gefoppten gewesen. Jede Stärkung des Militarismus kommt schließlich reaktionären Bestrebungen zu gute, und will man einer freieren Auffassung im Staatswesen die Bahn öffnen, so muß man entschlossen den Militarismus angreifen; denn in ihm steckt der Kern und der Halt des im Grunde doch noch immer halbdespotischen Systems.

Doch an dieser Stelle kommt es uns nicht auf diesen Grundfehler der Taktik eines Teiles der Liberalen, sondern auf die allgemeine Erscheinung an, daß durch eine solche teils furchtsame, teils allzukluge Rücksichtnahme auf die eigenartige Stellung des Militarismus, die sich bei unsern Berufspolitikern so leicht einstellt, auch der Reichstag in der freien Kritik militärischer Forderungen gelähmt wird.

Die Rolle des Hemmschuhes gegenüber den einseitigen Forderungen der Fachmänner, gegenüber der Unersättlichkeit, die eine so verwöhnte

Verwaltung notwendig ergreifen muß, fällt damit zum größten Teile dem Volke selbst zu.

Was gegenüber allen anderen Ressorts der Finanzminister oder der Ministerpräsident und in zweiter Instanz die Volksvertretung leistet, das muß gegenüber dem übermächtigen Militarismus als letzte und mächtigste Instanz die Nation selbst besorgen: das dringende Verlangen, daß alle Forderungen von dem Maße dessen, was dem Fachmann wünschenswert scheint, auf das Maß des wirklich Notwendigen ermäßigt werden.

IV. Der Militarismus im Kampfe um die Militärvorlage.

Meine Betrachtungen hier haben dem Militarismus ganz im allgemeinen gegolten, und es ist hier nicht der Ort auch noch ausführlich auf die Militärvorlage einzugehen. Die öffentliche Diskussion hat sich ihrer ja ausgiebig genug bemächtigt. Aber ganz vorbeigehen können wir an der Frage doch auch nicht, sie ist die im Augenblick dringendste und jeder wird fragen, ob und wie weit denn unsere ganze Beurteilung des Militarismus nun auf die Entscheidung über diese Vorlage Einfluß üben dürfe.

Die Rolle, die dem Volke, wie wir zuletzt ausführten, bei der Prüfung militärischer Forderungen zukommt, hat es gegenüber der Vorlage offenbar schon im aufgelösten Reichstage zu spielen begonnen, als der einzige Akteur in dem Drama der Verhandlungen, der neben der Regierung wirklich etwas bedeutete. Diese seine Aufgabe hat das Volk nun bei den Neuwahlen zu Ende zu führen.

Alle Welt ist ja darüber einig, daß die letzte Militärvorlage in einer für die Regierung annehmbaren Form durchgegangen wäre, wenn die Abgeordneten nicht die Verantwortung vor ihren Wählern gescheut hätten. Die Volksstimmung hat damit die Abgeordneten nicht etwa gehindert, ihrer Ueberzeugung zu folgen, sondern dem Militarismus ein Zugeständnis zu machen, durch das man gern ein besseres Verhältnis zur Regierung erkauft hätte, auch wenn man von der Notwendigkeit der Forderung an sich nicht überzeugt war.

Unter denen, die sich für die Bewilligung der Vorlage erklären, gibt es viele — ich möchte glauben, daß es die Mehrzahl ist —, die zwar von der absoluten Notwendigkeit der Forderungen durchaus nicht überzeugt sind, die aber zu ihrer Zustimmung etwa durch folgendes Raisonnement gelangt sind: „Es könnte doch das Unglück wollen, daß in den nächsten Jahren ein Krieg ausbricht, und wenn wir nun die militärischen Forderungen abgewiesen haben, so wird man uns beschuldigen, daß wir in blindem Vertrauen auf die Erhaltung des Friedens die Mittel für die wirksamste Führung des Krieges verweigert hätten. Das wäre zwar nach unserer Ansicht unberechtigt, denn mit den Mitteln, die wir zu bewilligen bereit sind, kann jeder waffenfähige Mann ausgebildet und ihm die beste Ausbildung gegeben werden, und sollten wir uns selbst darin irren, so kann ja, was wir verweigern, erst nach Jahren ins Gewicht fallen, — aber in so vielen Dingen gilt nicht das Sein, sondern der Schein, und diesen bösen Schein müssen wir vermeiden. Also lieber »die paar Millionen« auch noch bewilligt und uns nicht der Gefahr einer falschen Beurteilung ausgesetzt".

Dieses Raisonnement, das meist in verschwiegener Brust bewahrt bleibt, braucht man nur auszusprechen, um zu erkennen, daß es auf einer Schwäche beruht, der man nicht nachgeben sollte, wenigstens jetzt nicht mehr, wo nun einmal die Frage des Militarismus mit dieser „Quantitätsfrage" verknüpft ist.

Daß aber in Wahrheit unsere Wehrfähigkeit durch Ablehnung der Vorlage nicht geschädigt, nichts wirklich Notwendiges damit verweigert wird, scheint uns einleuchtend.

Man braucht sich eigentlich nur der früheren Reden des Reichskanzlers, seines Spottes über die Zahlenwut zu erinnern und der Verhandlungen vor drei Jahren, wo alle Welt darüber einig war, daß Deutschlands Rüstung nun auf absehbare Zeit abgeschlossen sei. Was ist denn inzwischen geschehen, was die Lage so von Grund aus verändert hätte?

Man darf auch nicht vergessen, wie die Vorlage zuerst im Reichstag und im Lande aufgenommen wurde. Allen Parteien schien damals die Annahme ohne sehr große Abschwächungen ganz ausgeschlossen, und kein Redner außer dem militaristisch fühlenden Großindustriellen Herrn v. Stumm trat für dieselbe unbedingt ein. Sogar die Nationalliberalen schienen sich diesesmal ganz entschieden den Forderungen des Militarismus widersetzen zu wollen. Wenn seitdem sich die Stimmung im Reichstag und zum Teil auch im Lande zur Nachgiebigkeit gewandt hat, so ist eben überall während der langen Zeit der Verhandlungen der von uns beschriebene Einfluß des Militarismus wirksam gewesen. Man hat es ja sehr deutlich in der Presse verfolgen können. Im allgemeinen (von Ausnahmen natürlich abgesehen) wurden nicht sachliche Gründe für das Verlassen des ursprünglichen Standpunktes geltend gemacht, sondern nur ein unbestimmter Appell an den Patriotismus, hinter den der Militarismus sich zu verstecken liebt, und der allgemeine Gedanke, daß man der Regierung, falls sie nun einmal zur Nachgiebigkeit nicht zu bewegen sei, in einer militärischen Frage lieber keine Opposition machen dürfe. Die beste Rechtfertigung derer, die in der Opposition verharrt sind!

Man muß sich dann weiter vorhalten, daß die Opposition jetzt durchaus bereit ist, die Erleichterung, die durch Einführung der zweijährigen Dienstzeit eintritt, dadurch weit mehr als auszugleichen, daß die Aushebungsziffer um 25,000 Mann jährlich erhöht wird. Man spricht nur von Beibehaltung der **Präsenzziffer** und macht sich darüber nicht recht klar, daß diese Beibehaltung bei Einführung der zweijährigen Dienstzeit eine **außerordentliche Vermehrung der Aushebungsziffer und der Kriegsstärke** bedeutet, eine stärkere Vermehrung als im Jahre 1890 bewilligt ist, stärker auch als jene Erhöhung des Rekrutenkontingents, die 1887 in der Septennatsvorlage enthalten war, eine Vermehrung, wie sie kaum je mit einem Schlage eingetreten ist.

Und genügt der Militärverwaltung diese Zahl nicht, gibt es noch taugliche Leute, die nicht ausgebildet werden, so vermehre sie doch gegen entsprechende Ersparnisse im Rekrutenkontingent die Zahl der in 10 bis 20 Wochen ausgebildeten Ersatzreservisten. Da aber eben steckt des Pudels Kern, und da tritt auch wieder der Geist des Militarismus in der Vorlage hervor.

Die militärisch geschulte Ersatzreserve soll beseitigt werden; sie ist zwar bisher immer außerordentlich gelobt worden, aber sie erinnert zu sehr an die Miliz, sie ist ein memento mori für das jetzige System, und ein solches Institut kann der Militarismus auf die Dauer nicht vertragen, am allerwenigsten in diesem Augenblick, wo man der populären Forderung der Herabsetzung der Dienstzeit nachgibt und man besorgen muß, es werde bald eine weitere Verkürzung verlangt werden. Da ist die Ersatzreserve ein gefährliches Wahrzeichen, verführerisch für alle, die daran zweifeln, ob der jetzige Militarismus denn notwendig ertragen werden müsse. Deshalb benutzt man diese gute Gelegenheit, die militärische Ausbildung der Ersatzreserve, die man vor 13 Jahren geschaffen hat, zu beseitigen.

Daß die Ersatzreserve nicht für den Anfang des Feldzuges verfügbar ist, was übrigens auch noch nicht einmal zuzutreffen braucht, ist kein stichhaltiger Einwand. Es ist ja überhaupt völlig unmöglich, die ganzen Millionen unserer Heeresmacht sogleich an den Feind zu führen. Es bleibt eine Reserve zurück, und für diese ist die in zehn Wochen (oder vielmehr mit Nachübungen in 20 Wochen) ausgebildete Ersatzreserve ursprünglich bestimmt gewesen und anerkanntermaßen ein sehr brauchbares Material.

Der prinzipielle Standpunkt, den die Regierung jetzt eingenommen hat, daß jeder kriegstüchtige Mann, und zwar genügend vorgebildet, zur Verwendung kommen soll, ist gerade der Standpunkt der Demokratie. Schon im Interesse der Gerechtigkeit verlangen wir, daß Niemand ohne besondere Gründe befreit bleibe. Aber wir verlangen zugleich, daß die Verwaltung sich, um dieses Ziel zu erreichen, mit gewissen Mitteln einrichte.

Ihr sind riesengroße Summen so freigebig bewilligt, wie keinem anderen Ressort. Wie sie am besten mit ihnen wirtschaftet, ist in erster Linie Sache der Fachmänner. Glauben diese, wie bisher, eine kleinere Anzahl länger bei der Fahne behalten zu müssen, so wird ihrem fachmännischen Urteil sogar die Forderung der Gerechtigkeit zum Opfer gebracht, der nur dadurch wieder Genüge geschehen kann, daß für die Zurückstellungen die persönlichen und häuslichen Verhältnisse berücksichtigt werden. Legen sie, wie jetzt, mehr Gewicht auf die größere Zahl der in kürzerer Zeit voll ausgebildeten Mannschaften, so begrüßen wir freudig diese Annäherung an unsere Grundsätze, aber wir verlangen, daß Maß gehalten werde und daß, wenn man nicht unter volle 2 Jahre herunter gehen zu können glaubt, ein Ausgleich durch die weitere Ausbildung von Ersatzreservisten geschaffen werde.

So lange wir sehen, wie viel Allotria im Militär getrieben wird, so lange der Parademarsch in bisheriger Weise geübt wird, so lange der die Ausbildung schädigende Wachtdienst nicht eingeschränkt ist, so lange wir die dienenden Soldaten als Lakaien der Offiziere verwendet sehen und so lange wir hören, daß man die Leute als Treiber bei Jagden hoher Herrschaften benützt oder in großen Massen den Grundbesitzern für die Ernte zur Verfügung stellt, so lange werden wir dem Militarismus auf seine ungemessenen Mehrforderungen mit der Gegenforderung antworten, daß er erst einmal durch Abstellung dieser Mißbräuche den Ausgleich für Mehrbedürfnisse finden möge, und wir werden es als eine Anmaßung, wie sie eben nur dem verwöhnten Militarismus möglich ist, zurückweisen, daß man behauptet, nur das unbedingt Notwendige zu fordern.

Es handelt sich also bei Annahme oder Ablehnung der Militärvorlage nicht um die größere oder geringere Sicherheit des vaterländischen Bodens, nicht um die Vermeidung oder Herbeiführung eines Krieges, sondern lediglich um die Stärkung oder Bekämpfung des Militarismus.

Es ist das zweite Mal, daß im Reiche der Versuch gemacht wird, dem Militarismus kräftigen Widerstand zu leisten. Das erste Mal vor 6 Jahren war schließlich über das Maß der materiellen Bewilligungen überhaupt kein Streit, sondern es handelte sich lediglich darum, ob der Militarismus eine Ausnahmestellung in unserem konstitutionellen Leben einnehmen solle, in der Art, daß das ganze übrige Budget einschließlich aller auf Gesetz beruhenden Ausgaben jährlich, der Militäretat aber allein auf 7 Jahre bewilligt wird. Damals lag also die Frage eigentlich noch viel klarer; aber durch eine ungeheuerliche Verwirrung gelang es, die so klare konstitutionelle Frage, die mit unserer Wehrhaftigkeit gar nichts zu thun hatte, zu verdunkeln und durch Kriegsbesorgnisse die Septennatswahlen durchzudrücken.

Heute nun ist für eine oberflächliche Betrachtung die Frage nicht so klar und deutlich gestellt; es wird leichter sein, den Schein zu erwecken, als ob es sich um größere oder geringere Sorge für unsere volle Wehrkraft und nicht um den Militarismus handle, — aber unsere Hoffnung ist, daß das Volk seit jenen Septennatswahlen und durch deren Folgen so viel gelernt hat, daß eine Täuschung wie die frühere nicht mehr möglich ist und daß auch die nicht ausbleibende Beunruhigung durch schauerliche Rüstungsmärchen aus Frankreich und Rußland ihren Dienst versagen wird.

Siegt auch dieses Mal der Militarismus, so tritt, darüber täusche man sich nicht, eine neue Verschärfung aller der Erscheinungen ein, die wir zu kennzeichnen versucht haben. Mit dem brutalen Uebermute des Siegers wird der Militarismus unserem Kulturleben, der bürgerlichen Gesellschaft und der Freiheit den Fuß auf den Nacken setzen und wird unser wirtschaftliches Leben für seine Zwecke ausnützen.

Es ist eine merkwürdige Verblendung, daß Leute, die ähnlich frei und militarismusfeindlich gesinnt sind, wie wir, darauf hoffen, wenn nur die Militärvorlage bewilligt sei, so werde die Lage für freiheitliche Anschauungen und für kulturelle Forderungen günstiger werden.

Das heißt doch den Zusammenhang der Dinge verkennen. Wohl möglich, daß man den Liberalen, die sich unter das Joch des Militarismus gebeugt haben, zum Dank einige Brosamen hinwirft. Aber was kann das bedeuten gegen die Stärkung des militärischen Geistes und gegen die Schwächung der bürgerlichen Widerstandskraft. Die Zustände, die man mit uns beklagt, die ganze rücksichtslose Härte in der Armee, die Durchsetzung unserer bürgerlichen Gesellschaft mit militärischen Vorurteilen, die Ueberhebung des Beamtentums und die Zwangsmaßregeln der Gesetzgebung und der Verwaltung, die ganze Vernachlässigung dessen, was uns den Kulturfortschritt bedeutet: alles das ist doch nur die natürliche und unausbleibliche Folge, die sich aus dem Parallelogramm der Kräfte des Militarismus einerseits und der freien bürgerlichen Gesinnung anderseits ergiebt. Und nun glaubt man, dieses mathematische Ergebnis ändern zu können, indem man den Militarismus stärkt, die bürgerliche Widerstandskraft schwächt, aber gleichsam auf magnetischem Wege, durch freundliche Vorstellungen, die von Hemmungen mehr als je befreite Kraft einladet, doch nicht dem ihr innewohnenden Triebe zu folgen, sondern gütigst nach der andern Seite von der bisherigen Diagonale abzubiegen.

Wie verkennt man doch damit das Wesen des Militarismus: der Militarismus ist h a r t, und nur vor fremder H ä r t e hat er Respekt, nur durch Härte kann man ihm etwas abgewinnen. Wer sich vor ihm b e u g t und dann auf gnädige Behandlung hofft, wird vor den Triumphwagen gespannt, um später geopfert zu werden.

Kgl. Hof- und Universitätsbuchdruckerei von Dr. C. Wolf & Sohn in München.